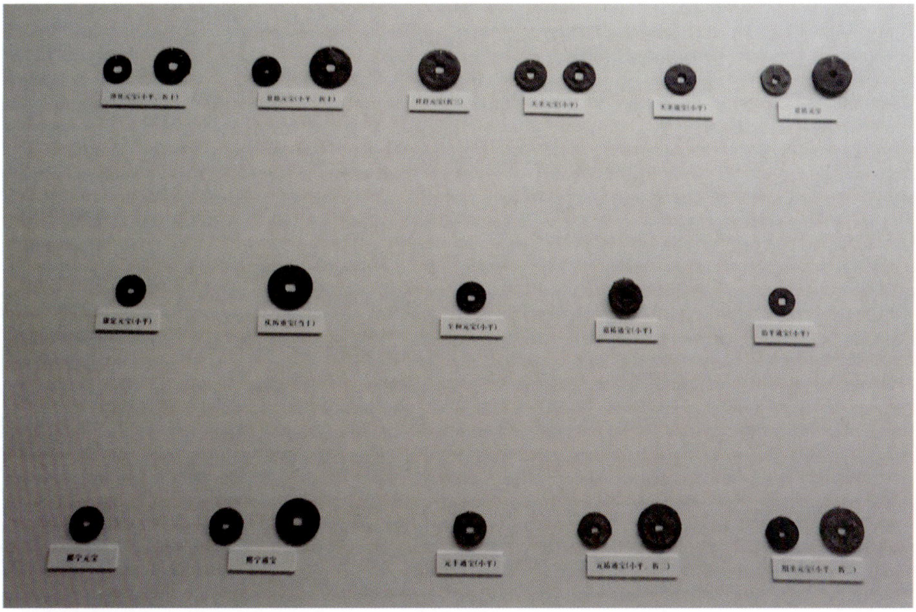

北宋　铁钱及铜钱

铁钱主要流通在川蜀一带，朝廷规定铁钱不得流出此地，但是到宋仁宗时期，由于对西夏用兵，为了筹备粮草，铁钱流通开来。铁钱没有铜钱的币值大，但是铜钱与铁钱没有规定的兑换比例。

北宋　火照　匣钵体

河南省平顶山市宝丰县清凉寺出土文物。

火照又称“试片”。宋窑的火照是利用碗坯改做的，上平下尖，大体呈 V 形（图中右边）。图中左边的圆形物品是一个匣钵体，主要用于放置火照，将火照插在匣钵体上，在烧窑时将匣钵体放入窑中，可以从观火孔中看到火照，当人们测定温度时，就可以从匣钵上钩出火照，每一次烧窑都需要测试数次，每验一次就取出一个火照。火照的使用确保了窑内温度的平衡。

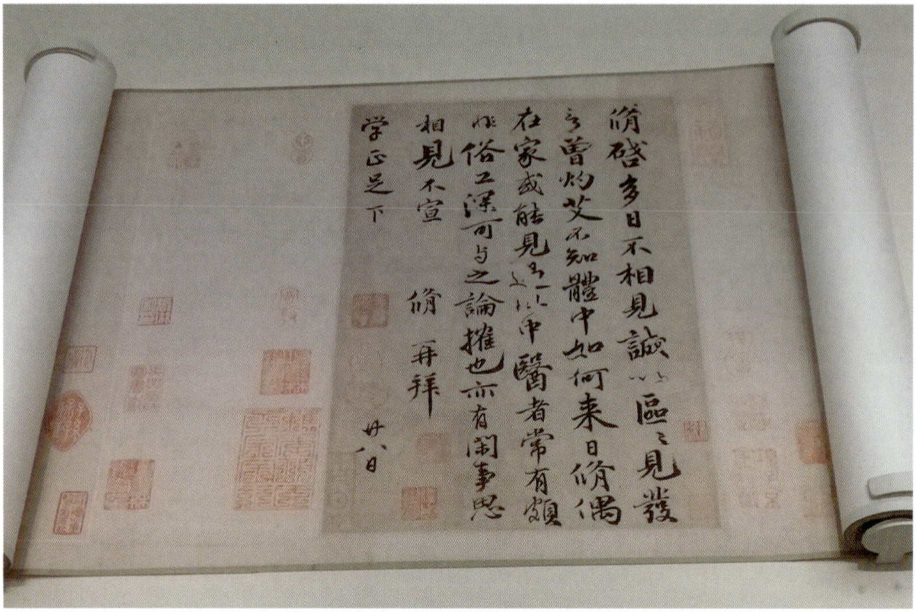

北宋　欧阳修　行楷《灼艾帖》

所谓“灼艾”，即针灸。苏轼曰：“公用尖笔干墨作方阔字，神采秀发，膏润无穷，后人观之，如见其清眸丰颊，进趋晔如也。”正如苏子所说的那样，欧阳修的书法自成一体。

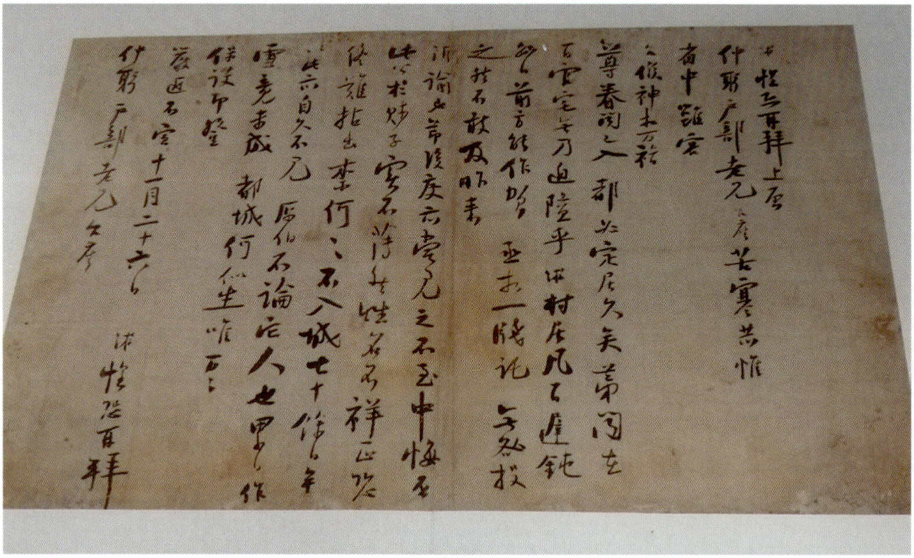

南宋　陆游　行书《苦寒帖》

两宋时期，随着经济的发展以及市民文化的兴起，文化十分繁荣，书法名家辈出。

西夏　釉陶五角花冠频伽
频伽在佛教里是一种能唱最动听的歌的神鸟。西夏人崇尚佛教，因此有很多以频伽为主题的文物出土。图中的釉陶五角花冠频伽呈淡青色，羽翼纹理清晰，面容表情温和。

西夏　“敕燃马牌”青铜敕牌
西夏使者传递紧急文书、命令时的身份令牌。其意思是敕令驿马昼夜不停。目前出土的这类令牌有二十多面，不同的令牌表示不同的官阶和作用。

宋　钧窑玫瑰紫釉花盆
钧窑为宋代五大名窑之一，属于青瓷系列，因为釉变多彩而闻名。此图所示的就是钧窑瓷器釉变的一种，呈紫色，纹理柔和而富有趣味。钧窑瓷器大部分自然成斑，变幻无穷，十分有趣，因此成为宫廷御用瓷器。

宋　磁州窑三色荷花瓷枕
宋代磁州窑，黑彩剔花瓷器生产技术娴熟，是民间窑的代表。三色荷花瓷枕跳脱了黑彩形式，对于研究宋代民间窑有着极大意义。

五代　白瓷枕

1956年出土于连云港王氏墓，这是早期的瓷器枕，其两端微微上翘，枕头上没有纹饰。唐代以前的枕头多为石质。唐朝、五代人们对于瓷枕的喜爱与日俱增，宋朝出产了大量精美的瓷枕。

北宋　龙泉窑青釉缠枝牡丹纹瓶

龙泉窑为北宋时期著名瓷窑之一，因其主要产区在龙泉而得名。它开创于三国两晋，结束于清代，生产瓷器长达一千六百多年，是中国制瓷历史上制瓷时间最长的一个瓷窑系。不同时期，龙泉窑所产出的瓷器也不尽相同。此瓶生产于元代，细腻而温润。

宋　豆青釉荷叶瓷盖罐

图中的瓷盖罐色泽均匀，腹部略鼓，盖子呈荷叶状，小而富有趣味。豆青釉派生于青釉，起源于龙泉窑，后期豆青釉色调变淡。

宋　白釉荷叶形碟

白釉荷叶形碟出产于陕西一带，碟子边缘呈荷叶形，微微外卷。将不含金属氧化物成色剂的釉料施于胎骨洁白的器物上经高温烧制而成的透明釉，称之为白釉，而真正的白釉在近代才出现。

宋　瓷枕

该瓷枕刻有水龙吟词，边缘处有四个刻状纹饰，较一般的瓷枕大一些。

宋　青釉刻划牡丹纹碗

《饮流斋说瓷》称：“古瓷尚青，凡绿也、蓝也，皆以青括之。”刘子芬《竹园陶说》说：“青色一种，常与蓝色相混。雨过天晴，钧窑、元窑之青，皆近蓝色。”

此碗内部有牡丹花纹，釉色莹润，刻花精美，是宋代耀州窑之精品。

宋　白釉花口军持
此军持口部呈荷叶状，腹部圆润，壶身釉色均匀，介乎于青、白二色，白中泛青。

明　五彩穿花龙纹蒜头瓶
宋朝时期的瓷器以五大窑瓷器为主。随着瓷器工艺的发展以及人们对瓷器色彩的追求，元明时期的瓷器纹理有了许多的变化，此时青花瓷逐渐成为主流。清朝时期，色彩艳丽的珐琅彩为皇家贵胄所喜爱。

赵匡胤传

萧树◎著

贵州出版集团
贵州民族出版社

图书在版编目（CIP）数据

赵匡胤传 / 萧树著. -- 贵阳 : 贵州民族出版社,
2019.10

ISBN 978-7-5412-2459-1

Ⅰ. ①赵… Ⅱ. ①萧… Ⅲ. ①赵匡胤（927-976）—
传记 Ⅳ. ①K827=441

中国版本图书馆CIP数据核字（2019）第203364号

赵匡胤传

萧树　著

出版发行　贵州民族出版社

地　　址　贵阳市观山湖区会展东路贵州出版集团大楼

邮　　编　550081

印　　刷　北京彩虹伟业印刷有限公司

开　　本　787mm × 1092mm　1/16

版　　次　2019年10月第1版

印　　次　2019年10月第1次印刷

印　　张　14

插　　页　8面

字　　数　180千字

书　　号　ISBN 978-7-5412-2459-1

定　　价　48.00元

前　言

宋太祖赵匡胤浑身都是故事。

这些故事生命力之强，传播范围之广，总是让人心生感叹。

《千里送京娘》《黄袍加身》《杯酒释兵权》《烛影斧声》这些故事，个个脍炙人口，耳熟能详。在长达千年的时间里，它们在流传过程中经过传播者不断加工和再创作，滋生出许多不同的版本。每个版本都有它生根发芽之地，开枝散叶，根深叶茂，蔚然成林。

在这些故事中，赵匡胤或是豪气冲天的侠士，或是仁义满怀的帝王，或是智慧与勇气并存的将帅，或是被弑于骨肉的悲情英雄，多多少少都伴随着民间的穿凿附会，实际上就是历朝历代、千千万万的老百姓在不断为赵匡胤塑像，让活在老百姓口耳相传中的赵匡胤血肉丰满，活灵活现。

这是中国百姓对一个君主的赞美。

而活在历史中的赵匡胤，有很多响当当的粉丝。

明太祖朱元璋就是赵匡胤的铁杆粉丝，他说赵匡胤“顺天应人，统一海宇，祚延三百，天下文明。有君天下之德而安万世之功者也”！朱元璋对赵匡胤从雄心到智勇到功业，无不佩服。他一生深研赵匡胤，梦想着自己也能成为像赵匡胤那样的帝王，连赵匡胤创造的两句残诗“未离海底千山墨，才到中天万国明”也爱不释手，反复吟咏，竟然接续“恒持此志成永志，百战问鼎开太平”，使之成为相隔四百年之久的两位开国帝王联手创作的一首奇诗。

乾隆皇帝也对赵匡胤极为推崇，他说：“吾于开创之君，独以唐太宗、宋太祖为不可及焉。二君者，皆以不世之才，平一天下，而以仁爱之心、宽平之政保养百姓，治功灿然，昭于千古。然家门之政，兄弟之友，则唐弗及也……太祖退藩镇之兵，只在杯酒片言之间，君臣之分，情义兼隆。而俭约是务，治定功成，制礼作乐，传之来裔，为万世法。其成功致治之盛，几乎唐太宗。而规模之正，则又过之矣。”

能得到这些人的高评，殊为难得。

赵匡胤登基前的中国，正处于历史上最为混乱的时期。这场大乱从唐中期暴发的“安史之乱”开始，在两百多年的时间里，藩镇割据，国家分裂，战乱不息，生灵涂炭。唐朝灭亡后，动乱并未止息，反而日益加剧，在五十余年的时间里，皇帝换了六个姓，十来个人，整整换了五个朝代。

这五个朝代是：后梁、后唐、后晋、后汉、后周。

后梁，农民出身的朱温造反起家后，代唐而立，后来被自己的儿子杀死，但继位的儿子很快就被另一个儿子干掉，后为沙陀人李存勖所灭。李存勖建立了后唐。

后唐李存勖被弑，李嗣源得江山，再传闵帝李从厚。李从厚龙椅还没坐热，便被兄弟李从珂拉下来，绞死于狱中。但李从珂又被姐夫石敬瑭瞄上，石敬瑭勾结契丹人灭了后唐，建立后晋。他为了当皇帝，以四十八岁的年龄，认三十七岁的契丹皇帝为父，当上“儿皇帝”。更可恨的是，这个“软脚蟹”不仅给邻国皇帝当儿子，称臣纳贡，还割让燕云十六州，让纵横八百多里的河北平原门户大开，无险可守。可笑的是，石敬瑭只传了一代，至晋出帝石重贵，就让契丹辽国给灭了。

接着，刘知远舞刀弄枪建立了后汉，传子刘承祐。前后四年工夫，大将郭威在征战途中，被麾下将士将黄色的战旗披在身上，返回京城坐上皇位，建立了后周。

这五个换来换去的朝廷，虽然是中原正朔，但管理的地域小得可怜，还不及三国时曹魏的地盘大，剩下的地盘，都被人割据一方，分裂成十个国家。

这十个国家是：前蜀、吴、闽、吴越、楚、南汉、荆南（南平）、后蜀、南唐、北汉。

前蜀开国皇帝叫王建，他本来是唐朝的节度使，靠武力合并了东川、西川，见大唐王朝日薄西山，顾头不顾腚，就自己做了皇帝。不幸的是，皇位只传到儿子王衍手上，便让后唐庄宗李存勖给灭了。

李存勖又派孟知祥去镇守蜀地。孟知祥去了不到一年，后唐发生政变，李存勖被杀，孟知祥便自己当起割据一方的霸主，后来干脆也当起了皇帝，是为后蜀。

造反起家的杨行密创建了吴国，杨行密传子杨渥，为大将徐温所杀。徐温交权于养子徐知诰，徐知诰称帝，建立南唐，恢复本名李昇，传子李璟，李璟传李煜。

私盐贩子钱镠创建了吴越国，一直奉中原王朝正朔，享国七十余年，传五世。

楚国为马殷所立，他死后十个儿子争夺王位，自相残杀，为南唐所灭。

创建闽国的王潮、王审知兄弟出身贫苦，能与民休息，但王审知死后二十年间，闽国换了五个国王，兄弟子侄为夺王位自相残杀，相继死于争斗，被南唐所灭。

南汉皇帝刘龑出身豪富，皇帝当得还可以，但他死后几个儿子争权夺位，也是杀，杀，杀！轮到刘鋹即位后，怕手下谋朝篡位，勒令当官的自宫，形成了阉人治国的奇葩局面。

南平国建在当今湖北荆州一带的弹丸之地，到处称臣求赏赐，经常截扣经过的贡使和贡品。一旦对方质问或发兵追索，就马上归还，国王高从诲因此被称为“高无赖”。

北汉立国于今山西中部和北部，为后汉皇帝刘知远的弟弟刘崇所立，其子继位后奉契丹皇帝为“父皇帝”，奴颜婢膝，以求苟延残喘。

在这样的乱世，皇帝是高危职业，从来都不安稳，就算能过一把皇帝瘾，说不定哪天就会被人拉下来，不仅自己脑袋搬家，还要连带上全家的性命。

这中间父子反目、兄弟成仇、朋友背信、部属弃义的事，隔三岔五就会冒出来，司空见惯。为了当上皇帝，这些人真是够拼的，不仅敢冒天下之大不韪，而且明知上到最高层很可能就是一个死，却总有人争先恐后，为当上皇帝冒死一搏！

这样的乱世，黄钟毁弃、瓦釜雷鸣，越是有权势，越不讲规矩。

上行下效，规矩都没有，讲道理的人就更少了。

历史到了必须做出改变的节点，选中赵匡胤担当重任，在必然性之外，也有很大的偶然性。

赵匡胤从社会底层到统军主帅，只用了十一年时间，而从统军主帅登上皇位，竟然不到一年时间。这样的大逆袭，放在任何时候都是一个奇迹。尽管乱纷纷的世道给他提供了机会，但所有的平台和资源都是他奋斗的结果。他的抱负、能力、智慧、心胸、见识和勇气，在奋斗过程中不断升华，终于以雄才大略，决定并推动了中国历史的进程。

赵匡胤深知百姓疾苦，透彻了解国家祸乱之源，并在不断的观察、思考和实践中找到了根治之策。他讲情怀，重仁义，掌权前讲坦荡做人、道义相济的小道理，登基后讲治国平天下、重社稷安黎民的大道理。以理做人，更以理服人。

他用法令约束骄兵悍将，使他们不能为所欲为，然后改革藩镇体制，彻底解决了藩镇割据这个两百多年的历史大难题。他力主仁政，不杀功臣，用“杯酒释兵权”，平稳收回威望过重将领的兵权，并赏赐这些将领巨额财物，与他们结成姻亲，让他们安心退休，做衣食无忧的富家翁。对统一过程中俘虏的几个割据自立的国主，也以仁爱待之，修建专门房舍给他们居住，保全他们性命。甚至连落在契丹辽国手里的燕云十六州，也首选用财物赎回，不行再用武力。

总之，他爱护百姓，与民休息，轻易不动干戈，在基本实现国家统一的基础上，清除了武力扰政、军人乱国的根源，建立了面貌一新、行之有效的文治体系。

赵匡胤获知弟弟赵光义广结党羽、密谋篡位的阴谋后，抛开一己之私，从国家大局出发，认真对待，体现了一位帝王博大的胸怀——如果清除赵光义，不仅要与自己的弟弟骨肉相残，还将株连一大批有才干的臣属，他一手创建的文治体系将会崩溃，自己身体力行立规矩、讲道理的心血将付诸东流，国家可能重新陷入内乱不休的局面；如果不杀赵光义，让儿子继位，以赵光义的才能和势力，势必不受约束，极有可能出现赵光义谋朝篡位、叔侄相残的惨剧，国家同样会陷入动荡分裂。

杀赵光义，是不讲道理；不杀赵光义，也是不讲道理！最后，小道理得让位于大道理。为了平稳过渡，让国家在文治体系下实现长治久安，他不仅没杀赵光义，反而决定把皇位传给赵光义。他自己在“烛影斧声”中猝然离世，却为国家留下了稳定发展的文治体系，使两宋迎来三百多年的繁荣，为中华文明的发展书写了辉煌篇章。

此书是作者多年研习中国历史文化的一点心得，并借鉴了前辈专家的很多研究成果，在此谨致谢忱。因历史上很多重大事件未有定论，个别立论纯属作者自己的看法，内容上也一定存在不当之处，恳请专家和广大读者批评指正。

萧树

2019年1月，于杭州青山湖畔

目录

第一章　生逢极乱世

摇摇晃晃的皇帝打翻了江山……

李存勖当了三年皇帝，还是觉得皇位摇摇晃晃的，一点儿也不稳。

他灭后梁，并岐国，拒契丹，然后，又风卷残云，稀里哗啦便灭了前蜀。南方几个割据一方的政权，吴、吴越、楚、南汉等，听了李存勖的大名都会发抖，纷纷贡表称臣，没有一个敢不服。他凭一支戟横扫天下，打下后唐江山，他还怕啥?

别说，李存勖还真怕两个人，有这两个人在，他就觉得皇位在摇晃，晃得他发晕。

这两个人，一个是刚刚率大军仅用七十天就灭了前蜀的郭崇韬，另一个，是他李存勖的兄弟、父亲李克用的养子李嗣源。郭崇韬任兵部尚书、枢密使，掌管全国兵马。此人虽为武将，却手不释卷，把一本《春秋》读了个滚瓜烂熟，一脑子奇思妙想。从李存勖父亲李克用那时起，他便屡建奇功，又以奇计佐李存勖灭后梁，盖世奇功集于一身，在军中地位崇高，振臂一呼，必是应者云集。李存勖登基后，赐郭崇韬丹书铁券，免十死。

李嗣源也是一个提起枪就不要命的狠人，外号“李横冲”，多少回眼看着要落败的仗，硬是凭着他横冲直撞，死局转活，反败为胜，还数次在乱军中救过李存勖的性命。后来李嗣源累迁成德节度使、蕃汉内外马步军总管、中书令，要权有权，手底下还尽是猛将骄兵。同样，李嗣源也有丹书铁券，免十死。

这样两个猛人，只要动动小心思，或是故意打个大喷嚏，他李存勖的皇位就会晃动，没办法安稳地在后宫跟那帮伶人戏子嘻嘻哈哈。就算他们俩早就发过毒誓，誓死效忠“李天下”，李存勖也还是不放心。自打“安史之乱”起，一百五十年来这天下就没了规矩，君不君，臣不臣，哪天谁多喝了二两，麻着胆子就敢拎把宝剑直接把皇位给掀了，自己上去过把瘾玩玩。

李存勖想，要想皇位不被人掀，这两个人必须消失，即使赐了丹书铁券也不行。就算免十死，还是得死！

李存勖没想过，如果连皇帝也不讲道理，不按规矩来，那天下就没有规矩，也没有道理了。

郭崇韬灭了前蜀正要班师呢，就被宦官李从袭、马彦珪率伏兵用锤砸死，五个儿子全部被杀，所有家产充公。对李克用、李存勖父子忠贞不贰，对创立后唐居功至伟的郭崇韬，就这样被活活害死了。

捎带着，李存勖把同样持有丹书铁券并为后唐立下大功的西平王朱友谦也给杀了。

李嗣源名气最大，权力也最大，李存勖下起手来不能太明目张胆。他命诸军马步都虞候朱守殷监视李嗣源，伺机下手。朱守殷并没有下手，而是告诫李嗣源“德业震主者身危，功盖天下者不赏”，但李嗣源并没有听进去。

李存勖冤杀郭崇韬、朱友谦后，天下大哗，功臣武将，人人自危。魏博牙兵本来就窝着气，又向来是一点就炸的“大爆竹”，这回“轰”的一下开了花。乱兵直接攻下邺都，紧接着邢州、沧州相继兵变，整个河北像一口烧开了的锅，全沸了。李存勖觉得这是个机会，便命李嗣源率领皇家禁军北上平叛，同时密令亲信一有机会就干掉李嗣源。

但这时的李存勖人心尽失，没人肯再为他卖命了。一路上，皇家禁军跑了一大半。到了邺都，剩下的亲兵一下拥上来围住李嗣源，要立李嗣源为王。

哪有这么玩的呀！李嗣源吓得差点滚下马来！李嗣源虽然只是武皇李克用的养子，但也是李家之后，哪有同室操戈的道理！再说了，弑君，败了灭族，胜了，史书上这一笔落下去，就是一枚钉子钉在柱子上，逃不脱万世骂名。

李嗣源打死也不干。可他架不住皇家亲兵那么多人啊，这些虎狼兵二话不说，拉着李嗣源进了邺城，与城里的叛军挤到一张桌子上大吃大喝起来。吃好喝好后，领头的说：“主公，你看都这样了，你浑身是嘴也说不清了，不想干也不行了！干了，也许我们都能有条活路，不干，跟着你的人只有死路一条了！”

李嗣源急得直跺脚：“坑我，你们坑死我了！”

他带着这班人马返回洛阳，准备找个机会当面跟李存勖说个清楚。

听说李嗣源带着兵马回洛阳，前面半路逃掉的兵卒纷纷归拢来。没两天工夫，人马越来越多，一路上军旗猎猎，敲锣打鼓，山河为之震动。

深居洛阳皇宫的李存勖听说李嗣源造反，顿时火冒三丈，打开内库积攒多年的金银，大把赏赐将士，气冲冲地带着这批将士去打李嗣源。想不到，这些拿了金银的将士出了洛阳没多远，一个接一个脚底抹油纷纷开溜。李存勖眼看手下的兵丁一天比一天少，李嗣源统率的又是他李存勖一手带出来的亲兵卫队，没有人比他更知道这些亲兵有多威猛。他只好返回洛阳，等儿子李继岌带回征蜀的兵马再与李嗣源决战。

这天清早，李存勖正在内殿吃早饭，外面突然大噪。一个太监跌跌撞撞地跑进来，大喊："造反了！外面造反了！"

李存勖"腾"地站起身，披挂一番，带着一队亲兵卫士，便朝殿外冲去，不多远，便见数不清的皇家亲兵从兴教门蜂拥而入，领头的是从马直指挥使郭从谦。

一见郭从谦领头造反，李存勖顿时眼睛都冒出火来！这郭从谦本是宫内的伶人戏子，只因会讨李存勖欢心，被李存勖一手提拔，当上了从马直指挥使，相当于皇宫侍卫长。李存勖虎吼一声："就凭你这戏子，也敢造我的反！"只见他手持大戟冲上前，一个单挑，打头的士兵便飞上半空直摔下来，躺在地上。他大戟一挥，风一般冲进叛军队伍，一个横扫便躺下一大片，身后的贴身侍卫紧跟着加入战斗，一个个势如猛虎，不要命地厮杀。

郭从谦没想到贵为皇上的李存勖浑不惜命，一时间慌了手脚，急忙带领其余叛军退出兴教门。

李存勖命令关好宫门，让宫内的亲兵上内城防守。兴教门外的郭从谦畏惧李存勖之勇，不敢带兵攻打，就点起火把，扔上城楼，四处放起火来。李存勖亲自上城楼指挥救火御敌。乱纷纷中，城下叛军一箭射来，正中李存勖面门。李存勖身受重创，倒地不起，不幸身亡。士兵们担心叛军羞辱李存勖尸体，便将他的尸体架在火上给烧了。

李存勖一死，宫内顿时群龙无首，很快便被郭从谦攻破。叛军入宫后，四处杀人放火，大肆劫掠，李存勖深藏内宫的金银财宝被一抢而空。

没几天，李嗣源带兵进了洛阳，在李存勖丧命处放声大哭，痛彻心扉。手下张罗着要他登基，他严词拒绝，命令部属赶紧寻找李存勖后人，让李存勖的后代来洛阳继位。

李存勖的儿子李继岌统率大军灭了前蜀。这支重兵集中了全国精华，完全有能力与李嗣源一争高下。但怂恿李存勖干掉郭崇韬的宦官李从袭知道李存勖已死，李嗣源进了洛阳后，李从袭直接拿出对付郭崇韬的办法，又要了李继岌的命。紧接着，整个国家像约好了似的，李存勖一家散布各地的儿子孙子们，全给身边的人杀了。

李嗣源找不到李存勖后人，只好硬着头皮，在李存勖灵柩前登基做了皇帝。他不改国号，自认是唐室宗亲，仅改元天成。

此时是公元926年。

李嗣源是大哭着登基的。他对着李存勖的灵位哭道："先帝呀，为了一个位子，害得我们兄弟反目，骨肉相残，这是什么道理！我都是六十岁的人了，我实在不想坐这个位子呀，你这位子上全是刺儿，很不好坐呀！"

登基礼成，李嗣源回到内宫，瘫坐在椅子上，浑身筛糠般抖个不停。儿子李从荣本来正在一旁喜笑颜开，一见父亲这样子急忙过来问候。李嗣源摆摆手，说："你下去吧，我没事，只是心里害怕，怕得要死！"

李从荣好生奇怪，问："您居九五之尊，号令天下，莫敢不从。何惧之有？"

李嗣源又摆摆手，双泪直流："现在这个世道，皇帝有那么好当吗？当年朱温何等英雄，怎么死的？亲儿子杀死的！李存勖横行天下何人能及？他不也没得到什么好下场？现在，我坐在这个位子上，就像鸭子上了烤架，能有善终吗？"

当年凭一杆长枪翻江倒海、杀入百万军中如入无人之境的李嗣源"李横冲"，竟然会因当上皇帝怕得要死！

谁说不是呢，在那个世道，皇帝这个职业实在高危。

李存勖的皇家禁军，李嗣源原封不动地保留下来。禁军校尉赵弘殷，仍旧做他的飞捷军指挥使。

大局初定，看上去一切都很完美。但谁也想不到的是，历史在这样一个关头，自己悄悄埋下了伏笔……

夹马营的"香孩儿"

转机出现得无声无息。

后唐天成二年，也就是公元927年，三月二十一日这天傍晚，洛阳夹马营一个普通家庭里，一个男孩出生了。

真是奇了，这孩子降生时，满屋红光，梵音密匝，异香扑鼻，经久不散。

以致后来许多年里，都流传着这个孩子出生时的灵异传说。

这户人家的主人叫赵弘殷，时任后唐皇家禁军飞捷军指挥使。他给新生儿取名赵匡胤，乳名“香孩儿”。两年前，他的大儿子赵匡济夭折后，赵弘殷就没开心过，二儿子赵匡胤的降生，让他心怀大畅，把赵匡胤当成了家里的福星、宝贝。

其实，“香孩儿”现象，是一个美丽的误会。

原来，赵家后面有一座应天禅院，规模宏阔，寺院里遍种牡丹。这年气候异常，这些牡丹竟然提前二十多天就开花，那些雪里紫玉、紫斑白、粉玉球、粉玉楼、西施红，一朵比一朵盛放，真是美不胜收，让人叹为观止。住持和尚一大把年纪从未见过这种景象，视为大祥瑞，便召集全院僧人遍点香烛，大做三天法会。牡丹异香弥漫，传入赵家，自然经久不散；而香烛的光芒照入赵家，也映得赵家满室红光。这些“异象”正好碰上赵匡胤出生，正好成就了赵匡胤出生时红光满室、异香不绝的传说。这些传说和赵匡胤外婆家门前那个名叫“双龙塘”的池塘一样，让后世百姓津津乐道。

说起赵弘殷，虽说他只是禁军中的普通军官，但挺有来头。

当今皇上李嗣源是他的第三个老板。

他的第一个老板是镇州赵王王镕。赵弘殷以骁勇善战受到王镕赏识，王镕与李存勖结盟对付后梁朱温。有一次，李存勖在黄河岸边被后梁军重重围困，王镕命赵弘殷出兵救援。赵弘殷率五百骑飞驰赶到，斜插敌阵，旋风般将敌阵从中撕裂，李存勖趁势反击，反败为胜打垮了后梁军。李存勖从此把赵弘殷和五百精骑留在自己的禁军中，委任赵弘殷为禁军飞捷军指挥使。

赵弘殷从此跟随李存勖转战南北，但十来年过去，他一直当着飞捷军指挥使，一步也没往上升。有人说，这与赵弘殷父亲赵敬在后梁任过营、蓟、涿三州刺史有关；有人说，这跟赵弘殷做人一根筋有关。尽管飞捷军指挥使只是校尉级军官，但像他这样级别的，几场仗打下来，都是既升官又发财，只有他赵弘殷，骁勇善战的名气越来越大，却全靠一点俸禄养家。

从此，洛阳夹马营成了“香孩儿”赵匡胤的天堂。短短几年工夫，赵匡胤就从赵弘殷身后的跟屁虫成长为夹马营的孩子王。

从赵匡胤四五岁开始，赵弘殷就教他学武功。赵匡胤对武术非常感兴趣，很会琢磨：这一招那一式，够了吗？换个招式，变个花样行不行？连着出几个虚招让对方露出空门再攻击，是不是更好？万一对方也是高手，接二连三地变招，该怎么应对？

接着练力量，练刚猛和耐力。

赵匡胤的问题跟着又来了：刚猛之力，其实还有长短之分，长力及远，击打自然凶狠，如果贴面对搏，距离过近，有力也难使出来，有没有办法在极短的距离内也使出凶猛之力呢？

这一问还真难住了赵弘殷，这问题不仅没人教他，他自己也没想过。他好好琢磨之后，跟赵匡胤细细研讨，觉得除了用抱、摔、退等办法拉开与对方距离便于发力外，应该还有一种办法，在距离很近的情况下，照样发出凶猛之力，这得靠指法、掌法、拳法、腕法的变化。一套新的拳法，就这样被父子俩琢磨出来了。

十八般武艺样样精通之后，吃苦和挨揍的本事也跟着练了个透。要想更上一层楼，就得真刀真枪地历练了。

但这时赵匡胤不过七八岁光景，赵弘殷只得让儿子继续闷着头练。

赵匡胤练得越多，越熟越精，问题也越来越多。

赵弘殷便给他讲十三太保李存孝，残唐以来的第一好汉，排名第二的铁枪王彦章在他钺下根本走不了两个回合，就这么一个天下无敌的大英雄，最后却落了个五马分尸的悲惨下场。他问赵匡胤："你知道为什么吗？"

赵匡胤摇摇头。

赵弘殷指指头，说："脑子。脑子比武功更厉害。有脑子，枪就在你的手里；没脑子，再锋利的枪，也是在替别人使！"

赵匡胤也有问题："爹，别人的爹为什么那么胖，你却一直这么瘦？他们的官比你小，为什么他们家总是有肉吃，有酒喝，我们家却没有？"

赵弘殷哈哈大笑："因为他们爱吃东西呀，见东西就吃，好多东西吃进去，拉不出，可不就要胖了？至于官大官小，说到底都是在做人。做人嘛，那得讲道理。该做的事得做，不该拿的东西，千万拿不得！没酒喝没肉吃，我们家不也过得好好的？他们家吃得多拉得少，我看也未必好！"

原来，夹马营住的多是禁军军官，这些军官中，只有赵弘殷十多年来一直是老样子，同袍们都一个个升上去，有些升得慢的，也早就发了财。只有赵弘殷既没升官也没发财。但他却是军官中最开心的。他从来不随其他官兵劫掠百姓，也从来不争功，还经常把功劳让给一同出生入死的兄弟，既不抢功劳，获得的赏赐也总比别人少。

赵家在夹马营虽说过得比一般人差，但赵匡胤小小年纪，已经懂得做人最硬气的并不是喝酒吃肉。

六岁起，赵匡胤进了陈学究的私塾。孩子王上学放学，都是夹马营的一道风景，前面两个学童开路，后面五六个学童簇拥着，赵匡胤横着膀子走在中间，昂首挺胸，完全一副大哥派头。但进了学堂，便是另一番风景了，每天挨先生板子最多、被先生板子打得最响的，必是赵匡胤。这让赵匡胤很懊恼，学起来觉得特没劲。如果不是为了上学放学的那股子威风，老是“竹笋烧肉”的学堂，赵匡胤早就不来了！

赵弘殷看儿子与陈学究不对付，后来又给赵匡胤换了个叫辛文悦的先生。辛文悦和气，从来不打板子，还经常夸赵匡胤。赵匡胤要是背不出，他就先背出来给赵匡胤听，这下赵匡胤就不好意思偷懒了，用心地跟着辛文悦学了几年。这让赵匡胤在眼前这个乱七八糟的世界之外，看到了一个存在于典籍中的恢宏壮阔的大世界。那里博大精深，巍峨雄奇，庄严肃穆，全部由大大小小的道理构建而成。

他想，如果这个美好的世界能够建构在现实世界里，那该有多好哇！

皇帝轮流做

赵匡胤在一天天长大，离他家不太远的皇宫里，也天天上演着传奇大剧。

李嗣源面对皇位虽然怕得要死，却切切实实做了七年好皇帝。他杀贪腐、奖廉吏、除伶宦、废内库，轻徭薄赋，与民休息，老百姓在历经多年战乱后，终于过了几年舒服日子。

这年十一月，李嗣源病重，躺在床上连头都抬不起来。他身为天下兵马大元帅的儿子李从荣盯着皇位已经很久了，自从上次大臣议立李从荣为太子被李嗣源驳回后，李从荣就动起了大心思，这次觉得机会终于来了。趁着李嗣源重病在床，还没公布继位人选，他带着上千名亲兵护卫准备攻入皇宫夺位。刚摆好阵势，便被马军都指挥使朱洪实反击，李从荣兵败被杀。重病不起的李嗣源听到这个消息，连惊带吓，竟然真的被吓死了。

接着，宋王李从厚继位。这年是公元934年，赵匡胤正好七岁。

事情还没完。

李从厚是李嗣源的三儿子，他继位不久，就犯了和后唐庄宗李存勖同样的毛病，让枢密院下令，让李嗣源的养子、凤翔节度使、潞王李从珂与李嗣源女婿、河东节度使石敬瑭对调。这号令完全是与虎谋皮，靠手里的地盘和兵马安身立命、作威作福的节度使如果丢了这些，不光是一无所有，只怕连吃饭的家伙也会跟着被人端了。理论上皇命不可违，否则就是死罪。但在当时，皇帝下这样的命令没有人会听。不得不违的命令，那也只得违了！死罪？那就赌一把，赌输了不过也就一个死，赌赢了换个位置，我直接坐到你的皇位上去！

老奸巨猾的石敬瑭还在观望，潞王李从珂已经急匆匆举起大旗造了反。李从厚自然要派兵马去镇压，但李从珂攻心为上，劝降了一大半想剿灭他的人，这些人反过身跟着李从珂对付李从厚，一路势如破竹，直扑洛阳。李从厚仓皇间，只带着五十名亲兵逃出洛阳，想求姐夫石敬瑭出兵挽救危局，半路上正好遇上带兵前来的石敬瑭。石敬瑭本来一直在观察情势，没想好往哪边下注，现在见李从珂大事将成，皇上反倒变成了丧家之犬，便将跟随李从厚的五十名禁军全部杀死，将李从厚幽禁在驿馆。

李从珂占领洛阳后，派人前来，逼李从厚自缢而亡。可怜李从厚出生于帝王家，刚刚做了五个月皇帝，年仅二十一岁便赴阴间追随他父皇去了。

李从珂当了皇帝，却无治国之才能，而且河东还有个一直对皇位虎视眈眈的心腹大患石敬瑭，让他浑身不自在。皇帝做到第三年，李从珂又用老套路，调石敬瑭离开河东去当天平节度使。石敬瑭又遇到皇帝来剥他的皮，这回没人替他挡在前面，就把李从珂三年前干过的事，又对李从珂干了一次。你李从珂可以这样当上皇帝，我石敬瑭也能！

尽管特别想当皇帝，石敬瑭却也特别怕死。为了确保能当上皇帝，他向契丹辽国求助，表示愿意割地称臣。在契丹人的帮助下，石敬瑭打败了李从珂，逼李从珂带着传国玉玺、皇后及儿子登上玄武楼，自焚而死。

石敬瑭为了保住皇位真是下了血本，除了向契丹俯首称臣，还割让燕云十六州给契丹，并以四十八岁的年龄，认三十四岁的契丹皇帝耶律德光为父，真是寡廉鲜耻到了极致。他也因此成为历史上著名的“儿皇帝”。

燕云十六州就是万里长城所在地，向来为中原屏障。这道屏障一失，八百里河北大平原从此无险可守，契丹人随时可以居高临下直入中原“打谷草”，横冲直撞，如入无人之境。

这样一个既无人格又失国格的人，就此成为中原之主。不论老百姓对卖国贼石敬瑭有多恨，但面对谁狠谁上位的强权法则，这些恨也只能埋在心里。

公元936年，石敬瑭在契丹皇帝的主持下，在并州登基称帝，是为后晋。

两年后，迁都汴梁开封。

这一年，赵匡胤九岁。赵弘殷又从李从珂的禁军军官变为石敬瑭的禁军军官，仍旧当他的飞捷军指挥使。虽然他作为一个普通军官不能有任何表现，但国家遭受这样的奇耻大辱，他作为军人感觉非常憋屈、羞愧和愤怒。回到家里，他无以言说的憋屈、羞愧和愤怒也强烈地感染了年幼的赵匡胤。

石敬瑭坐上皇位后，照样浑身不自在，总是担心哪天又冒出一个猛汉，学着他的招式又把他给办了。所以他给契丹皇帝做儿子做得死心塌地，生怕年轻他十几岁的“爸爸”哪天一个不开心，再换一个“儿子”来扶持。割了燕云十六州后，每年孝敬契丹的三十万匹贡缎一丝都不敢少，乖乖地贡奉，奴相十足，全然不理老百姓被他这一片“孝心”压得喘不过气来。虽然跪肿了膝盖，叫破了嗓子，他却也没吃到好果子。契丹知道石敬瑭在怕什么，他们很喜欢石敬瑭这样整天提心吊胆的样子，只有让他继续提心吊胆，连睡觉都不踏实，石敬瑭才会继续死心塌地做奴才。所以，三天两头，契丹皇帝就会去一封公文，有事没事就把石敬瑭训斥一顿，或是申饬一番。

这样的皇帝虽然没滋没味，但石敬瑭还得硬着头皮做下去，因为一旦他不做皇帝了，天底下尽是想要他老命的人。

其实他也知道契丹靠不住，而且说白了契丹也没有足够的实力能够保证他江山永固、坐稳龙椅。契丹骑兵虽然骁勇，但中原兵马并不弱，经过这么多年不停地你讨我伐，没有一个是吃素的，不仅单兵作战能力强，战术组织和资源配置更不是契丹所能比的。打败契丹铁骑，甚至以弱胜强的战例，屡见不鲜。但石敬瑭没有办法，有契丹“爸爸”在一旁给他壮壮胆，强过孤零零一个人，随时可能被吃掉。远的不说，他身边就有“两只老虎”：手握重兵的杜重威和刘知远，随时准备着一口下去就吃了他。

在这种天天提心吊胆和担惊受怕的状态下，石敬瑭战战兢兢地做了六年皇帝，最后灰头土脸地死了。

公元942年，石敬瑭的侄子，同时也是他养子的石重贵继位当了皇帝。

这年，赵匡胤十六岁。

贺家有女

赵匡胤十二岁那年，石敬瑭定都汴梁开封，赵弘殷随禁军移驻开封，赵匡胤也随之搬到开封。

从夹马营一起搬到开封的，还有禁军校尉贺景思一家。

贺景思和赵弘殷同为禁军校尉，因为对脾气，隔三岔五总要碰个头，在一起喝杯老酒，两家的女人孩子，也其乐融融凑一块儿，乃通家之好。

贺家独生女儿名贺娟，比赵匡胤小两岁，和赵匡胤青梅竹马。在夹马营时，贺娟总是跟在赵匡胤后面，嘴里不停地喊着“二哥”“二哥”，生怕赵匡胤把她给丢了。赵匡胤虽然事儿多，对这个小妹妹却一点儿也不烦，哪天见不到，还非得上她家去看看。

到了开封，两家又同住禁军营房，夹马营形影不离的传统，分毫不差地带了过去。

又过几年，赵匡胤步入青春期，贺娟跟着也长大了，虽然仍是两小无嫌猜，赵匡胤却要玩深沉。他每天都要到贺娟家讨酒喝。因为父亲说了，贺家自酿的美酒，天下无双，头一等好喝。

贺娟装作啥也不懂，每天都早早地候着，等着为赵匡胤开门，给赵匡胤倒酒。每次贺娟都笑靥如花，在一旁喜滋滋地看着赵匡胤浅一口深一口地一点点喝掉整碗酒，然后等着赵匡胤有一搭没一搭地找话说，然后看他慢腾腾地站起身，百般无奈地挪着脚步离去。

这两个金童玉女般的人儿，每天就用这种方式，见见面，说着一直说不完的话。

每天晚上，赵匡胤都会躺在床上静静地想第二天要跟贺娟说些什么，怎么说得她开心又高兴，贺娟呢，也会静静地想怎么逗赵匡胤跟自己多说话，怎么引他多说些甜滋滋的话来。

别人听到的是满箩筐的废话，在他俩的耳里全是连珠妙语。

这时，三弟赵匡义已经可以屁颠屁颠地跟着赵匡胤跑来跑去了。他每天都会把二哥和贺娟姐说的话在饭桌上学出来，惹得一家人哈哈大笑。

贺家乃会稽大族，诗书传家，唐朝著名诗人贺知章是其祖上。贺娟深得家学，不光有颗七巧玲珑心，还知书达理，秀外慧中。赵弘殷对她十分满意。

这时的赵匡胤，已长成魁梧壮硕的男子汉，仪表堂堂，做起事来井井有条，待人持物沉稳持重，贺景思看在眼里，自是十分满意。

赵匡胤十八岁这年，赵弘殷三媒六聘，为儿子风风光光把贺娟娶到家。

两位新人你侬我侬，蜜里调油，成为神仙也不换的亲密眷属。

想不到，半年之后，赵匡胤突然消沉，整天闷闷不乐。

他本来装得满满的脑子，突然变得空荡荡了——

我练成一身的武功又有何用？难道拿出来给石敬瑭这种卖国求荣的贼子卖命？我一肚子修身齐家治国平天下的大道理又有何用？在这个黄钟毁弃、瓦釜雷鸣的世道，何来施展的天地？再说，世上最好最贤惠的女人我已经得到，还有什么好追求的呢？

郁闷的人爱杯中物，赵匡胤这样的性情尤爱。

他不好意思再去贺家蹭酒喝，便去街上的铺子喝。

酒喝得越多，回家就越来越迟。

好歹还记得回家，还知道妻子在家里等着。

赵匡胤不回家，贺娟不敢睡。赵匡胤每天醉醺醺地回来，贺娟端上一碗醒酒汤，再把赵匡胤全身上下擦洗个干干净净，赵匡胤便呼呼一觉睡到大天亮。

第二天，又接着出去喝。

街上的酒喝得多了，酒友自然就有了，街上一大帮子混混，都拿赵匡胤当大哥。赵匡胤不仅酒量好，酒德也好，从不偷奸耍滑，而且一身好武功，遇上个无事生非寻衅找碴的，赵匡胤伸手随便一摆弄，对方便服服帖帖。

眼看着跟着他喝酒的混子越来越多。这天，一个小混混对赵匡胤说："二哥，这样喝酒总少了点味道，要不喝喝花酒？"

赵匡胤一个耳刮子就抡了过去："花酒？你嫂子还在家等我呢！"

这混子肿了半边脸，倒也不怕痛，接着说："不喝花酒好是好，只是干巴巴的不得劲，要不，我们再找点更刺激的？"

赵匡胤眼一瞪："刺激？什么刺激？"

混混从怀里掏出一副骰子，往空中连抛几把，说："这个，最刺激了！"

赵匡胤明白这是要赌钱，但他的确想刺激，便摇摇晃晃站起来，说："去！都去刺激去！"

于是，赵匡胤又成了开封赌场的常客。没过多久，整个开封的赌场，没有他不去的。

只是，每次从赌场出来，口袋里全部空荡荡的，一个大子儿也不剩了。

贺娟照样当什么也没发生过，赵匡胤回到家，照例给他喝醒酒汤，为他擦洗身子，服侍他睡好觉。

这天，赵匡胤回家时脑子比较清醒，看着妻子每天不变样地为自己操劳，忽然心痛，问贺娟："我每天都这样，你怎么不骂我？怎么不到我爹娘跟前哭诉呀？"

贺娟说："要是骂能让相公回心转意，我早把唾沫星子都骂干了；要是哭能让相公回心转意，我的眼泪早就哭干了！"

赵匡胤好一阵感动。

第二天一早，他像是又忘了贺娟的话，拿着仅剩的一把铜钱出了门。

瓜田老者

民间流传的赵匡胤和瓜田老者的偶遇，是赵匡胤这段灰暗人生的转折点。

赵匡胤出门时，都会随身带上他的齐眉棍。这齐眉棍是赵弘殷精心为赵匡胤选材精制的。精选上等白蜡杆，根据赵匡胤手掌大小制作，粗细适度，两端套有铜箍，是赵匡胤最为趁手的兵器。平时拎在手上，得便时就能找块空地练上一趟棍法。有时碰上野狗，棍一挥就能轰走，甚是便当。

不论是在外喝酒吃肉，还是在赌场吆五喝六地赌钱，赵匡胤身边都少不了这根齐眉棍。

这天，赵匡胤又在赌场输光了所有铜钱，拎着齐眉棍出了赌场，一个人走在空荡荡的街上。清冷的月光罩下来，把整个开封府都罩在它的阴冷里，现在正是七月暑天，他却觉得自己困在这重重阴冷中，从里到外变得越来越冷，不由自主地打了个寒战。

这时他才突然想起，自己狂赌一天一夜，一粒米都未入口。

饿神一旦被唤醒，就在他肚子里翻江倒海。

下馆子没钱，回家里吃又太丢脸，他便往城外走。走了好一阵，终于看到一片瓜地，连忙三两步抢上前，抱起个大西瓜，指头一插，将瓜破成两半，捧到嘴边就狂啃起来。

风卷残云般吃完西瓜，他站起身，正要走开，身后传来说话声："汉子，你可付过瓜钱？"

赵匡胤猛回头，说话的是一老者，白胡子直垂到胸前，他的脸"腾"的一下就红了，支支吾吾地说："我……我……没钱……"

老者笑了："没钱就吃我这么大一个西瓜？天底下有这样的道理吗？"

赵匡胤更结巴了："道……道理……，没……道理！"

老者腰板一挺："不讲道理，何以为人？这样吧，我也不多要，你就付一文钱瓜钱，不多吧？"

赵匡胤豆大的汗珠一串串往下直冒："一文钱……这……一文钱……"

老者看赵匡胤这个样子，口气又软了一分："你若是一文钱也拿不出，先抵押个物件也成！"

如果跟前的土地上裂一道缝，赵匡胤肯定一头就扎下去。他哪有脸面立在这位要求毫不过分的老者跟前呢？他只得低下头，双手捧起齐眉棍，递了过去。

老者接过齐眉棍，上下一打量，双手抡了一个大圆，说："好棍！好棍啊！"

接着，老者长叹一口气，又说："可惜呀！太可惜了！这么好的一根棍，如果落在大英雄手上，在这沸沸乱世之中，救苍生，拯黎民，那该是多大的功德啊！"

老者接着又不住地摇头："要是落在无赖手上，这么好一根齐眉棍，跟村妇的烧火棍有什么区别呢？这棍我也不要了，你拿走吧！"

老者这番话，像是一串惊雷，惊得赵匡胤头皮发麻。他向老者深鞠一躬，说："敢问大爷，如今天下沸沸，赴汤蹈火者，的确大有人在。但说到底，所图者，无非就是权势钱财。今天你抢了张三，明天李四照样抢你。以命相搏，弱肉强食。到头来，恃强者，又沦为更强者刀下之食。就说这齐眉棍，落在我手上，也许只能作打狗棍，若落在暴徒之手，就变成夺人性命的凶器。如此以暴易暴，永无尽头，何来百姓安宁？"

老者听了赵匡胤这番话，似乎掂出了分量，正色说："你所说非虚。但你只见到眼力所及，你眼力之外的世界，也在那摆着呢，你见不到它，是你能力所限。”

赵匡胤又鞠一躬：“请大爷多多赐教！”

老者缓缓说道：“大道之行，自有定规，不以一时、一地、一人、一候之异而变！如今乱世，世道冷酷，人心凉薄凶险，以害求利，向恶求生，落此乱世，如坠阿鼻地狱，看似万劫不复，其实不然，乱中自有静气在，人心思安久也！”

赵匡胤说：“长治方能久安。求安、想安的，多是黎民百姓。那些有权有势者，贪婪无度，巧取犹嫌不够，豪夺犹嫌不足。贪心在，心难安。再说，他们抢了别人，也怕别人再来抢他，心更不安。这些所谓英雄豪强都被忧惧烦躁充塞，天下难安啊！”

老者大笑：“你还是只知其一，不解其二啊！人生大道与天地大道，并行不悖。当今豪强杀戮成性者，其实是有被杀被抢的恐惧。行恶之人，亦有善根。这些人不守规矩、不讲道理，是怕别人都不守规矩、不讲道理，光自己守规矩讲道理吃亏上当，搞不好还会送命！一旦规矩立下来，不守规矩、不讲道理，付出的代价很惨重，自然人人都会守规矩、讲道理。人心自然安泰，世道自然太平！”

赵匡胤又问：“立规矩最难！怎么才能立起规矩来？”

老者指指赵匡胤手里的齐眉棍：“规矩虽然来自大道，但乱世中立规矩，非大英雄大豪杰不能为！大英雄大豪杰所恃者，无非就是它了！”

老者一番话，犹如醍醐灌顶，赵匡胤纳头便拜：“多谢大爷，听君一席话，胜读十年书！小生多年疑窦，豁然开朗！”

老者哈哈大笑，走出瓜田，甩开臂膀，扬长而去！

赵匡胤呆立瓜田。

良久，他才踉踉跄跄回到家，怔怔地坐在凳子上。

贺娟走过来，用汗巾擦他的脸。他抓住贺娟的手，说："你干吗对我这么好？我不过是喝酒赌钱的混混！"

贺娟笑着说："你不是混子！你只是不甘心！你从来就不是个普通人。"

赵匡胤说："刚才给一个种瓜的老头训了一顿。怎么做人和做一个怎样的人，我还是没想通，我要好好想一想。"

贺娟说："二哥，你打小就是我的大英雄，你就一直做我的大英雄吧！"

赵匡胤闭着眼睛，喃喃道："我当然要做你的大英雄，但是……但是……听了那个老头的话，我突然觉得，我应该做天下的大英雄……"

十万横磨剑

石重贵坐上皇位后，想干点事情。石敬瑭奴颜婢膝认贼作父，招来万民唾骂，这样的皇帝做起来很没有意思，他要做个有皇帝味道的皇帝，先得挽回点先帝的名声。正好，石敬瑭为他安排的托孤大臣景延广，也有这个想法。两人一商量，决定在给契丹通报石敬瑭死讯的公文上，称孙不称臣。称孙，是因为石敬瑭称儿，新皇再降一辈，说得过去，而且是个人行为。但国与国之间，称臣就是低三下四了，个人受点屈辱，但国家得有尊严！

契丹皇帝耶律德光看了公文很生气：石敬瑭当皇帝是由我册立的，你一个继位的皇帝，怎么不通过我的册立自说自话就干上了？而且只称孙，不称臣，这不是不知死活吗？他专门派使者去问咋回事。这些人还是以前的老派头，傲慢无礼。景延广也是火大，只留下使者一人，把随从全杀了，放使者回去时，还说："先帝是北朝所立，所以称臣。当今皇上是中国自立，所以只称孙，不能称臣。你们如果不服，我朝有十万横磨剑等着，尽管放马过来吧！"

耶律德光大怒，公元944年，他率军南下，想一举扫平后晋，不想一开始就在马家口被晋军打得大败。次年，契丹第二次征讨后晋，又被晋军在阳城打败。

接连两次大胜让石重贵得意忘形，以为契丹就那么一点实力，根本不用怕。他就放心大胆地为所欲为起来，多造器玩，大兴土木，整个朝廷跟着醉生梦死，荒淫奢靡无度，再也没人担心契丹会再次入侵。

公元946年，耶律德光第三次南侵，石重贵委任杜威为元帅，倾尽军力出征，唯有大将刘知远在并州按兵不动，悄悄地打自己的算盘。而杜威早就想学着石敬瑭卖身投靠契丹，然后自己抢皇位坐。他跟契丹一联络，契丹当即满口答应。杜威和副帅李守贞投降后，耶律德光派张彦泽率二千骑兵径取开封。石重贵无兵可用，作降表出城请降。这份降表中他自称"孙男臣重贵"，这是既称孙又称臣了。后来石重贵全家被押到契丹，受尽屈辱折磨。

契丹兵马进入开封后，大杀大掠，繁荣富足的开封城被劫掠一空，百姓苦不堪言。

二十岁的赵匡胤此时正在开封城。经过瓜田老者一番训诫后，他戒了赌，也不去街上和那帮混混一起喝酒了。但二十岁的汉子，没有经济来源，也是很糟心的事。这时家里还有三弟赵匡义、两个妹妹，还有刚刚出生的四弟赵匡美，全家八张嘴，都靠父亲赵弘殷在禁军的那点俸禄来养活。日子有点捉襟见肘。

这次赵弘殷随禁军出征，至今音讯全无，而契丹兵已经杀入开封城，看来凶多吉少。赵匡胤空有一身本领，急得团团转。一家人困在家中，他哪儿也不敢去。好在他家不像那些高门大户那样惹眼，但谁也不知哪天这些人会闯进来。现在也只有他有能力保护家人了。

契丹人为了劫掠钱财，铲地皮一样把一个花团锦簇的汴梁开封城铲了三遍，全城百姓，无论贫富，均不能幸免。这也是赵匡胤一家前所未有的劫难。家里本无余财，一点家什也不在乎契丹人抢不抢，眼下最要紧的是全家人的人身安全。

赵家与应天禅院仅一墙之隔，赵匡胤备了副梯子，契丹兵来扰时，他让全家人搭梯子进入应天禅院，他自己最后抽掉梯子，不留痕迹。契丹人走后，再顺着梯子返家。虽然家里被契丹人搅得乱七八糟，但总算保全了一家人性命。

但母亲、妻子及弟弟妹妹提心吊胆、胆战心惊的样子，却像针扎着他的心。契丹人横冲直撞，动不动就挥刀杀人，使得好端端的开封城街上尸骸四布。他七尺汉子，空怀一身武艺，差点连家人性命都不能保全！

他心里暗暗发誓，再不能让家人置身朝不保夕的险境，再不能让天下黎民惨遭荼毒。他要凭一身武艺和胆略，让家人得安宁，为天下求太平！

再说契丹皇帝耶律德光灭了后晋，契丹人烧杀抢掠的暴行，让中原百姓恨之入骨，中原各地义帜遍布，各路兵马从四面八方齐向开封杀来！习惯了骑着高头大马在大草原横冲直撞的契丹人，最喜欢的是冲到中原来“打谷草”，抢夺钱财，掳走工匠，与农耕社会的生活本就格格不入，一看烽火连天杀声四起这阵势，就带着人马退回了辽国。

一路上，契丹兵又把所经之地狠狠劫掠一番，八百里河北平原像被水洗过一般，沦为一片白地。

公元947年，后晋被灭，早就觊觎皇帝宝座的后晋大将刘知远在并州太原称帝，是为后汉。

随禁军一起出征的赵弘殷，兵败后归附了刘知远部属郭威。

契丹兵撤退时，刘知远从太原发兵，一路上势如破竹，直扑开封，不久攻克。公元948年，刘知远定都开封。

赵弘殷回到开封，一家人又团聚了。这一场离别，让全家人感慨不已。正是这时，赵匡胤向父亲提出，准备游历天下，寻找机缘，以一身技艺救黎民、济苍生。

赵弘殷说：“你就跟着我干多便当呀，就算不在我手下，这开封城我人脉广泛，多少都会给我一点面子。总比你随便找个地方白手起家要好！”

赵匡胤说：“你干了二十多年，还是个飞捷军指挥使，在你手下，顶多也就当一个你这样的官罢了。我要投靠的，一定是大英雄、大豪杰，跟着他成就大事业。但谁是大英雄大豪杰，我总得满天下找找才行！”

赵弘殷知道儿子一身好功夫，而且心怀天下，他这么多年来如此着力培养儿子，此刻没有不同意的道理。

临走前，他给散布各地的要好朋友一一写信相托，让赵匡胤随身携带，必要时能让这些朋友伸出援手。

贺娟心里虽有万般不舍，但她明白好男儿志在四方，与其让丈夫平庸一生，不如让他出去闯一片天地。

赵匡胤打点行装，从此踏上了万里长路。

第二章　未离海底千山墨

被十文钱打发的英雄汉

赵匡胤按照父亲的嘱咐，径奔复州而来。

复州防御使王彦超，曾和赵弘殷一同驻守岳州，是对过眼神的哥们儿。王彦超十二岁开始行伍生涯，刀枪丛中拼杀出一条血路，不仅战功赫赫，而且为人谦和，善待下属，口碑挺好。

赵匡胤交了父亲的亲笔信，这信果然管用，王彦超出面接见了他。

王彦超只比赵匡胤大十来岁，长得高大威猛，不怒自威，赵匡胤忍不住在心里点了一个赞。

王彦超颇能识人。他眼里的赵匡胤，是个颀长健壮的小伙子，相貌堂堂，龙行虎步，这么出挑的青年，就算把他扔进一万个人里面，依旧挡不住他的勃勃英气。

这种挡都挡不住的英雄气，如果是装的，能装得这么像，那一定是大恶。如果是真的，那定是大英雄，注定不走寻常路，将会是一条倒海翻江的蛟龙。王彦超一直跟随后唐魏王李继岌冲锋陷阵，出生入死，战功显赫。本想着能出人头地，谁知李存勖死于兴教门之变后，本来有望继承皇位的李继岌立时四面楚歌，手下亲随四散逃命，只有他王彦超不离不弃。直到李继岌被杀，王彦超万念俱灰，出家修行，后来在师父的劝说下还俗，才一步步做到复州防御使。复州这个小地方，地瘠民贫，他当下不过是将其作为栖身之地安身立命而已，而眼前这个赵匡胤，他不待在到处是机会的京畿之地，反倒跑到这小地方求出身，这不是南辕北辙吗？

再说了，如果这青年是大恶，他不能容；如果这青年是真英雄，他这小地方也容不下。既然是要得罪人，还是得罪在一切还没有开始的时候吧！

想到这里，他拿出一千钱，送到赵匡胤跟前，说："我这里地瘠民贫，实在没有好的机会供你施展，你还是到其他地方去试试吧！"

说完站起身，手一抬："送客！"

赵匡胤连一句话都没轮上说，就被送客，"嗖"的一下，脸涨了个通红！

他更接受不了的是眼前的一千钱，当时物价飞涨，一千钱只能抵原来的十文钱，勉强够买三四个馒头，也就能顶两顿饭。

面对这样的轻蔑，赵匡胤却没有半点勇气拒绝，一是他的肚皮真的饿了，很需要这一千钱买馒头充饥，二是他还要顾及王彦超与父亲的关系。

他拿过这一千钱，头也不回地出了王府。

他出门就去了随州。

随州刺史董宗本，也是赵弘殷的知交好友。

董宗本人不错，一眼就喜欢上了赵匡胤，不仅让他住在家里，还马上给他在兵营派了个活儿，守城门，兼着当教习，教兵丁武功。

随州兵营清一色的本地兵，二愣子、三青子扎堆儿，听说来了新教习，一口的京城官话，虽然人高马大看着威风，但这些二愣子、三青子没有一个肯服气的。也就一会儿工夫，这帮小子装作自来熟，赵匡胤往那儿一站，他们马上围上来，凑着个大笑脸，一个接一个说想“练练”。

练练就练练！赵匡胤把齐眉棍往边上一搁，捋起衣袖，不想多费劲，直接给他们来了个“群练”，那些应手招式一群兵弟弟都还没看出个子丑寅卯呢，一个接一个直接就趴地上了。

这一练很有效果，满满一营兵马上服服帖帖的，懂规矩、讲道理了。

拳头下的道理，自然是谁的拳头大，谁就是大哥了。

赵匡胤当起大哥来很习惯，像是又回到洛阳夹马营当孩子王。但他一回董家，就在董宗本的儿子董遵诲那儿碰了个硬钉子。这董遵诲跟赵匡胤同岁，也是在舞枪弄棒中长大，一身好功夫，十分自负，加上又是刺史的独养儿子，上下人等无不让他三分。他还是随州军营的牙校，整个军营都对他服服帖帖。这天他有事不在军营，回到营中听说整个军营全让赵匡胤“练”服了，就像自己碗里的一块肥肉被另一双筷子挟走，他心里特别不舒服：你赵匡胤不就是我爹收留的流浪汉吗？竟然到我的地头上撒野了！

后来，只要他在军营里，就处处跟赵匡胤作对，能让赵匡胤多别扭就让他有多别扭，还要让赵匡胤把所有的别扭全搁心里压着。

有一次，董宗本来兵营开会，会上赵匡胤刚说了两句，董遵诲马上跳出来反对，赵匡胤据理力争，他就嚷嚷着硬找碴，董宗本提醒他注意态度，这小子竟然袖子一甩就走了，连他爸也一起晾了。

这天早上，董遵诲来到随州城门口，登上赵匡胤看守的城楼，一副故作神秘的样子，对赵匡胤说："真是奇了怪了，我昨晚做了一梦，梦到你看守的这座城楼上空，盘旋一条黑蛇，招来黑压压一片黑云，我拿箭射那黑蛇，那蛇却化作一条巨龙，要来吃我，差点吓死我了！你帮我解解，这到底是个什么梦？"

赵匡胤当然明白，董遵诲说的黑蛇指的是自己，俗话说强龙不压地头蛇，董遵诲这是嫌自己碍了他的大事呢！这人器量如此狭小，既然不能相容，就把随州这片天让给他吧！

回到董家，赵匡胤收拾好行装，向董宗本一揖到地，感谢他的收留之恩，只说自己另有所求，出了随州，来到岳州。

贩藕识英雄

赵弘殷曾做过岳州防御使，在当地官声颇好。

赵匡胤本想凭一身武艺博取功名出身，不想连连碰壁，进入岳州后，仍然没有找到合适的栖身之所，无奈之下，弄了辆独轮车，在岳州城乡跑起了买卖。

至今，当地还有很多关于赵匡胤的传说和遗迹。

这天，赵匡胤来到岳州北部的一个村子，村里有座大庙，供奉的是轩辕黄帝，黄帝身披黄袍，犹如金身，村民就将这庙称作“金神庙”，村子跟着叫作“金神庙村”。

时值大暑，赵匡胤走得一身大汗，便坐在金神庙前一棵大树下乘凉。他看到田里禾苗枯萎，土地龟裂，一副大旱模样，就拦住路上一位老者打听。老者摇摇头，说：“已经一个多月未下一滴雨，再不下雨，庄稼都要干死，今年就是大荒年喽！”

赵匡胤问：“一点办法也没有吗？”

老者接着摇头：“种田人靠天吃饭，能有什么办法？十年难成庄稼汉，一年做成个买卖人。我们种田人，苦啊！”

赵匡胤说：“我有办法让老天下雨！”

老者忙问：“贵客有何高招？”

赵匡胤指着眼前的金神庙，气不打一处来，说：“把庙里的金神抬出来，抬到太阳底下暴晒，他是黄帝，权力很大，把他晒热了，自然会上天去行云布雨！”

老者吓了一跳，双手直摇：“使不得！使不得！他老人家是保一方平安的大神，怎能惊动！”

赵匡胤二话不说，直接走进庙里，凭着一身力气，把那尊金神扛了出来，放在了太阳底下，对老者说：“他安享百姓香火，却不保地方风调雨顺，晒的就是他！你快叫四个汉子来，把这不尽天职的大神抬起来游街示众！”

老者想不到这外来客如此胆大，细想他的话也在理，便回村喊来了四位小伙，将金神摆在一张八仙桌上，绕着村子，在大太阳下足足走了快两个时辰，才把大神搬回庙里。赵匡胤对神像说：“挨晒的滋味好受吗？再不下雨，明天晒你一整天！”

真是奇怪，晌午一过，天上竟然真的下起了瓢泼大雨，禾苗立竿见影马上返青，四望之地，一片青葱！

全村百姓好不欣喜，直把赵匡胤当作神，请他进祠堂做客，端出金神庙村特有的金神油条请赵匡胤品尝。饿极了的赵匡胤大快朵颐，连连称好！

次日一早，赵匡胤辞别时，金神庙村全村出动，一齐欢送贵客。他们在村里挑选了八名男童，身穿华服，作各路神仙装扮，抬在八仙桌上，浩浩荡荡地把赵匡胤送出去很远。

后来，金神庙村把这个欢送仪式保留下来，经过发展，形成一种名为“抬故事”的民间风俗，一直沿袭至今。每年农历正月十五，金神庙村必会发起“抬故事”，二十多张八仙桌上，分立各色人物，形神兼备，统领者必是“赵匡胤”，浩浩荡荡地走街串巷，热闹非凡。

这件事也让赵匡胤印象深刻：原来老百姓如此淳朴，只要帮他们实现一点小愿望，他们就能把你当神来敬！

从此，善待百姓的心愿，就在赵匡胤心里扎了根。

这天深夜，在外行走了一天的赵匡胤回到住处，饥肠辘辘，便到街上找吃的，但大多数店铺已经打烊，只有不远处一简陋的食肆还有微光。他上前一看，店家正在收拾，见赵匡胤进来，忙说：“客官，实在抱歉，小店要打烊了。”

赵匡胤饿得很，便说：“不论好歹，你给我做点，能充饥便好！”

店家好心，见全天食材差不多用光，只剩几片莲藕、一点面糊和肉末，便将莲藕切开，把肉末夹在藕片之间，裹上面糊，放入油锅煎好，端给赵匡胤。赵匡胤一口下去，唇齿生香，一时风卷残云，把满盘莲藕吃了个精光，连嘴都顾不上擦，就问店家："你这莲藕做得实在好吃，这菜叫什么名字呀？"

店家临时凑合着专为赵匡胤做的，哪有什么菜名，就随口说："就叫'藕夹'吧！"

从此，藕夹成为湖北孝感的一道民间小吃，流传至今。

吃了藕夹，赵匡胤干脆做起莲藕生意，用独轮车贩卖岳州莲藕。

这天，外地来了个大客户，专收岳州莲藕，出价公道，而且有多少就收多少。赵匡胤推着独轮车，一趟接一趟给这位大客户运莲藕，脚不沾地般一路小跑，旁人一天运个六七趟，他少说也要运个十来趟。这客户见他这样能吃苦，不禁多看几眼。

晚上，累了一天的赵匡胤到一间酒楼吃饭，进门便见那位客户坐在里面。正巧那位客户也看到了他，便站起来朝他招手，请他过去。

赵匡胤过去，作了一揖，客户说："我正好一人，我们一起喝个痛快吧！"

赵匡胤见此人气宇轩昂，浑身无一丝商人气，反倒隐隐然透出一股豪迈，让他觉着亲近，也不客气，打横头坐下。

原来这客户姓郭名荣，从山西来岳州，做南北货生意。他问赵匡胤："我见你干活肯下死力，赚的是辛苦钱，却大大咧咧毫不在乎蝇头小利，很不一般呢！"

赵匡胤道："我只想挣些盘缠，多些历练。"

郭荣一听，来了精神："兄台只想挣盘缠历练，莫非志在四方？"

赵匡胤点头称是，将在复、随二州的遭遇顺便说了。

郭荣点头，说："天下向来不缺英雄，是英雄缺了出头天！"

他又问赵匡胤："英雄多起于草莽，初时，也能一呼百应，但多像一阵风，狂飙一过，便寂然无声，能成大事者，终究寥寥无几。岳州莲藕，天下一绝。藕是何物？荷之根也！荷上承雨露，下扎泥实，所以叶茂根深，乃成其大！观天下英雄者，个个豪迈，多能气贯长虹，然气虽满，根未实，所以难成其大！"

赵匡胤问："敢问英雄根从何来？又如何化根成藕？"

郭荣端起杯，跟赵匡胤一碰，手在头顶画了个大圈："天下就是英雄的大池塘，百姓便是池底泥，英雄生根，当生于天下百姓。知百姓根，学百姓智，惜百姓食，怜百姓苦，更要安百姓命。如此，方能根深叶茂，成为大英雄！"

赵匡胤站起身，长揖及地，道："今日聆听高论，茅塞顿开！"

郭荣连忙起身还礼。

赵匡胤道："功名富贵，不过狂飙卷地，终不可恃。唯有为天下苍生，扶危济困，方为大英雄、真豪杰。立志当立天下志，求名当求万世名！"

郭荣大赞。

两人谈得好不开心。赵匡胤问郭荣："足下谈吐不凡，定非凡人，怎会甘于经商呢？"

郭荣笑道："家父乃行伍之人，常年在外带兵，少问家事，一大家子经年累月，坐吃山空啊！没法子，我只好出来做点买卖，补贴家用！"

赵匡胤好生佩服。当下带兵在外的人，谁不是家财万贯、财源滚滚。这郭家竟然只凭以前积蓄养家，用度不够要靠经商贴补，这样的人品襟怀，真是了不得！

这位郭荣，便是后来的后周世宗柴荣，他和赵匡胤在岳州的相识相会，堪称中国历史上的“双龙会”，为后来的历史进程打下深深的伏笔。

襄阳奇遇

岳州的经商生涯，让赵匡胤更接地气，更加懂得底层百姓的生活疾苦。

后来，赵匡胤离开岳州，又来到襄阳。

在襄阳徘徊多日，没有找到能让他留下的地方，还花光了盘缠，他又到了吃了上顿缺下顿的境地。

襄阳往北，不远就是开封，不几日就能回家，这不是他的选项。

往西北或西南，是后蜀，他细细打听过，蜀地虽富，但从上到下，全是小富即安的心态，这样的小日子不可能长久，更不是有作为的地方。

返身向南，南平国倒也不远，但不过是弹丸之地，国王高从诲人称“高无赖”，靠着偷偷摸摸当强盗混日子。

楚国刚死了皇帝马殷，几个儿子为争皇位斗得热火朝天，你死我活。

再往南是南汉，版图不小，国力也不错，但皇帝刘张是个奇葩，只用阉人治国，戾气盈天。

东南两国倒是很有实力。南唐要疆域有疆域，要财力有财力，自西晋末年衣冠南渡起，南朝人文风物就不输中原，残唐之后，更超拔于中原之上，接续传承。但徐温弑杨渥，徐知诰又神不知鬼不觉地掏了他的老底，这种乱乎劲儿，也不比中原好多少。

吴越国也是富庶之地，国泰民安。但大老远的，不论中原王朝怎么迭变，每朝新立，都是忙不迭地上表祝贺，俯首称臣，分明只想做关起门来睡太平觉的富家翁。

真是四顾茫然。

但现在最要紧的，还是得填饱肚子。

赵匡胤在襄阳得到一位僧人指点和帮助的传说见于典籍，这次奇遇，是赵匡胤人生中非常重要的一次经历。

传说讲的是赵匡胤扛不住饿，翻墙进入襄阳城北一座寺庙里偷吃莴苣，被寺里一位老僧人发现。老僧人慈悲为怀，把赵匡胤引进厢房，拿出几块菜饼，一碗热水，招待赵匡胤。

赵匡胤感谢僧人相助，僧人却说："施主宅心仁厚，老僧好生佩服！"

赵匡胤以为老僧在嘲笑自己，刚要说话，老僧便摇手止住，说："施主长得魁梧壮硕，久饿后步态仍坚稳如山，必非凡人。以此身手，不要说果腹之资，就是万贯钱财，施主只要心里动了念头，只怕容易得很。"

赵匡胤哈哈大笑："不论这世道多没规矩，我坦荡做人，从来都讲道理。"

老僧抚手称善："施主有此胸怀，将来大富大贵，不可限量！"

赵匡胤肃然说："一个人的富贵，能守多久呢？后唐董温其当镇州节度使没多久，就有了万贯家财，可后来部下秘琼杀了他全家，把这笔财产据为己有。但汴州节度使范延光又杀了秘琼，抢了这笔不义之财。范延光以为这下富贵及身，迁往河阳时，这笔财宝装了几大车，结果又被杨光远派儿子在半路劫了这笔横财。这世上只要乱七八糟没规矩，钱财带来的富贵，跟灾祸是一样的！”

僧人摇摇头说：“自安史之乱，至今快两百年了，天下越来越没规矩！无权无势的升斗小民还能守守老规矩，讲点小道理。谁要是有权有势有拳头，都不肯守规矩，讲道理！”

赵匡胤说：“先是烂了规矩，然后才不守规矩。要让天下太平，先得有人出来立规矩，再让人人守规矩，讲道理！”

“善哉！善哉！这两百年来，如施主这般有理想的英雄豪杰，为数亦多。但他们不是半途而废，就是获得富贵后，便在快乐温柔之乡忘了初衷。”

“他们何至如此？”

僧人道：“英雄纵使不凡，也经不得各种消磨！纵使他克服了自己的贪念，可跟随他的兄弟，各自的功名富贵都指望在他身上。如果他不能为手下人谋求财富地位，有谁肯为他出生入死？”

这时，赵匡胤话锋一转，道：“要论大英雄，法师便是！脱离尘世，入门清修的一位位高僧大德，都是大英雄！断、舍、离，抛弃人世浮华，清净六根，非大英雄不能为也！然而，你们求的并不是自己的离苦得乐，而是普度众生。这才是真正的大英雄、大豪杰！但是，纷纭尘世，黎民百姓不仅寝食难安，自己的命运也完全掌握在他人手中。因此，尘世还需要你们之外的英雄豪杰，敢为天下先，扶危济困，救黎民于水火！”

僧人频频点头："施主有此胸怀、壮志，就是大英雄！就是活菩萨！将来如能施展抱负，国家有福，黎民有幸！"

接着，僧人得知赵匡胤舍家走江湖的缘由和曲折经历，更为赞赏。又问："施主下一步，作何打算？"

赵匡胤说："我一介布衣，只想在天下找一个有抱负的大英雄，以全力助他完成匡济天下的大业，不负平生，也不负天下苍生！"

僧人双手合十，道："善哉！善哉！愿施主能早日找到心目中的英雄豪杰。但，有一句话，也请施主放在心上：英雄多出于草莽，时势造就英雄！今后，如果有机缘、有时势，特别是苍生有危难之时，施主当见机行事，必要时，一定要想到当仁不让的大道理，还有舍我其谁不甘人后的大气概！仁义，仁义，切不可因小义误了大仁！"

赵匡胤点头称是。

僧人又道："当今朝廷不断更迭，中原以外又四分五裂，豪强分立。就你看来，天下豪强中，谁最让你佩服？"

赵匡胤将他对后蜀、南平、楚国、南汉、南唐和吴越国各处的观察思考跟僧人细细说了。

僧人点头，说："这些裂土分疆的豪强虽然相互间征伐不息，但总的来说，不是大乱。他们着眼于保全已有疆域，素无大志，难有作为，都不能作为依附对象。况且国之中枢，素在中原，中原定，天下必安。所以施主着眼处，当在中原。"

赵匡胤又问："我离开京城汴梁，是觉得那里难有作为。法师以为，我应在中原何处落脚？”

僧人说：“英雄建功立业，应在争锋最锐处。当今之势，内乱之忧、祸患之源，外有契丹，内有河东三晋之地，朝廷用兵，多在此处。”

赵匡胤点头称是：“法师指点极是！我将一路向北！”

僧人留赵匡胤宿了一夜，次日一早，他亲手为赵匡胤烙了一袋菜饼，连着平时积攒的十来贯铜钱，一起交到赵匡胤手上。赵匡胤坚辞不受，僧人道：“施主切勿推辞，这点人情，你若记着，不用记在老僧头上，请记住天下苍生，黎民百姓！”

赵匡胤长揖及地，接过菜饼和铜钱，掉转头向寺外走去。

僧人又叫住他，牵出一头瘦骨嶙峋的老驴，呵呵笑着说：“此驴虽老，还能替替脚力，能为你省些力气。”

赵匡胤不再推辞，牵过毛驴，心里揣着暖暖一团火，一路向北而去。

义送千里

近代专家考证，赵匡胤在投奔郭威前，先在太原投军，随后发生了“千里送京娘”的故事。

赵匡胤按老僧所说，一路向北而行，一口气到了并州。这并州自古以来出了很多皇帝，又称龙城，历代以来，中原王朝与周边少数民族经常争锋于并州，并州也因此成就不少盖世英雄的功名事业。

赵匡胤一入并州，就发现此地民风剽悍，尚侠好武，很合自己胃口。守并州的是后汉高祖刘知远的弟弟刘崇，也是当今皇上刘承祐的叔叔。在刘崇的治理下，并州简直就是一座兵城，到处是兵营，时时能听到战马嘶鸣。

凭着一身好武功，赵匡胤很快进了兵营。他一进兵营就很受重用，但他渐渐觉得有点不对劲。在他看来，并州应该是忧患之地，直接面对的是中原大患契丹辽国以及其他蕃落，自古以来兵火不熄，也使并州名将辈出。但现在，并州战备和练兵，好像根本就没契丹什么事，契丹胡骑过来“打谷草”，有些装作看不见，有些花点钱赎回来。主官刘崇倒是经常来军营，很关心军队操练的事，一来就在现场发号施令，老是说：“你们这样不行，郭威一冲就垮了！”或是说：“哪个还在偷懒？难道不怕‘郭雀儿’来摘脑袋吗？”

赵匡胤一打听，郭威和“郭雀儿”是同一个人，离奇的是，他是后汉大将，和刘崇一样，都是皇帝刘承祐的属下。两人同朝为官，刘崇竟然把郭威视作生死大敌，不是私仇，那就是野心了！

对于这种不把国家大敌当回事，一门心思只打自己小算盘的人，赵匡胤打心眼里瞧不起。在这里官当得越大，将来身上要背的锅也越大，只怕拿命也扛不下来。

二话不说，赵匡胤撩脚上驴，走人！他要去看看，让刘崇这样念念叨叨的郭威，究竟有多厉害。

这天，赵匡胤来到河北曲阳，投宿在一座道观，这道观名叫青幽观，住着一位老观主。赵匡胤睡到半夜，突然被一阵女子的哭声惊醒。赵匡胤觉得蹊跷，“嚯”地起身，循声走去，越听越觉得不对劲，便一脚踢开传出哭声的小屋房门，里面果然关着一位年轻女子。这女子虽说容颜姣好，但满脸悲戚和恐惧。这时，观主急匆匆赶来，见赵匡胤踢开了房门，急得直跺脚，说："这咋办！这咋办！祸事啊！"

赵匡胤一把抓住观主，厉声说："看你道貌岸然，竟然私底下欺良霸女！"

观主急得双手乱摇，说："这是两位山大王押在这里，让贫道代为看管的。那两人杀人如麻，横行不二，贫道哪敢违逆他们的安排？"

原来，年轻女子姓赵，年方十七，小名京娘，蒲州人氏，上个月随父亲去北岳恒山进香还愿，返家途中，在曲阳遇到了飞天龙、霸地虎两名强盗。强盗见京娘姿色出众，便动了邪念，劫了京娘，放了京娘父亲回家。京娘实在长得漂亮，两个大盗都想娶京娘为妻，大吵大闹，谁也不肯让步。后来一商量，决定再去抢一名绝色女子，然后每人一个，于是，把京娘送到青幽观，让观主代为看管。

京娘关在青幽观已近一月，像是一只待宰的羔羊，每天哭哭啼啼，一个花骨朵般的姑娘，变得形销骨立。赵匡胤好不痛心，说："姑娘别怕，管他什么飞天龙、霸地虎，我送你回家，与父母团聚！"

观主说："她家在蒲州，离曲阳千里之遥，这一路隔山隔水，难啊！"

"千难万难，也要把这落难的女子送到家！"

京娘见赵匡胤如此仗义，朝他深深拜了下去。

赵匡胤急忙扶起京娘，说："路途遥远，男女多有不便，我收你为义妹，兄妹同行，免得旁人惊诧。"

京娘大喜，甜甜地叫了一声："哥！"

赵匡胤朗朗地回了一声：“妹！”

一旁的观主吓得身如筛糠。赵匡胤安慰他：“我给那两位大盗留一封书信，再把这间房子的陈设砸烂，就说京娘是被我硬抢走的，你尽可将一切推到我身上！”

次日一早，赵匡胤让京娘骑上那头瘦驴，自己在驴前步行，一路往西，向蒲州而行。

京娘脱得囚笼，很快恢复了活泼率真的天性，一路上看到的山、树、湖、飞鸟、走兽，全是稀奇，问个不停，碰上一点好玩的，就“咯咯咯”笑个不停。赵匡胤心里却搁着飞天龙、霸地虎两块巨石，路上不敢有丝毫大意，四处警惕，对京娘只是应付。京娘有他几个“唔、嗯、哦”的回应就心满意足，其他的都不以为意。

这段经历被不少典籍记载和描写，以冯梦龙在《醒世通言》里记载的《宋太祖千里送京娘》最为有名。在这些记载中，赵匡胤亲手杀死飞天龙、霸地虎两个悍匪，千里跋涉，平安地把京娘送到她父母身边。

在他们途经的河北省武安市，他们夜宿的大湖后来改名京娘湖，成为著名的旅游景区，有宋太祖题诗处、宋祖峡、京娘峡、搭衣岩、滴翠潭、梳妆台等景点。在那个眺望日出的清晨，赵匡胤在石壁上题下一首诗，以抒发自己的壮志——

欲出未出光辣挞，

千山万山如火发。

须臾走向天上来，

赶却残星赶却月。

赵匡胤把京娘送到家中，一家人看到被强盗抢走音讯全无的京娘又安然回来，真是喜从天降，把赵匡胤好一顿谢！

全村人，甚至四里八乡的人听说有这等奇事，都赶来看热闹。

把京娘安顿好，吃了一顿饱饭，赵匡胤执意要走。辞别时，却被京娘父亲和哥哥叫住。京娘父亲说："你把小女送回，义薄云天。只是，这四里八乡的乡邻都知道这一个多月你们孤男寡女朝夕不离，你这一走，让京娘今后如何做人？"

赵匡胤昂首道："我与京娘义结金兰，情同兄妹，清清白白！"

京娘的哥哥像是没听见赵匡胤的解释，也说："我妹容貌，万人中挑不出一个来！她又这么年轻，怎么就配不上你呢？不如你们从此婚配，就算你已有家室，那也无妨的！"

赵匡胤双手直摇："万万不可！我堂堂正正昂藏男儿，岂会有非分之想，苟且之行！如果因此让京娘依附于我，与强盗何异！"

三个人还在争论，京娘把他们的争论听在心里，为了证明赵匡胤的清白，竟然趁人不备，在室内自缢而亡。身边的布条上，有她咬破手指用血写的一行字——哥哥是大英雄，大豪杰，你们不要冤枉他！

赵匡胤大恸："傻妹子，你何至如此！"

十三年后，赵匡胤登上帝位，敕封京娘为"义贞夫人"。

邺都投军

回程时，赵匡胤放慢脚步，经过一些较大的集镇，都会停下来，看看风土人情，趁便打探各种消息。

这天，他打听到一个大消息：河中节度使李守贞、凤翔节度使王景崇、永兴军节度使赵思绾一起造反，天下大乱，枢密使郭威在邺都开帐，亲自招兵买马，马上要打大仗了！

镇上人心惶惶，赵匡胤却莫名兴奋起来。他又一次听到郭威的名字，此时不去，更待何时！

邺都不远，赵匡胤没几日便赶到。这座军事重镇，已经变成一个大兵营，到处都是招兵的台子。虽然是极乱世，想当兵吃粮的人还是很多，到处都乱哄哄的，好多人挤挤挨挨地想报上名。赵匡胤对这些视而不见，只找郭威的中军大帐。不一会儿真让他找着了，但守门的士兵却不让他进，赵匡胤说想投军，士兵指着不远处的招兵处，让他去那儿。

赵匡胤却一定要面见郭威，说："我父亲是将军的老朋友，父亲让我来见他的！"

士兵怕误事，只得进去通报，不一会儿，里面传出话来，让赵匡胤进去。

赵匡胤进了内帐，帐内坐着位身形高瘦的大汉，正埋头看着地图。那大汉知道赵匡胤进来了，头也不抬，只问："你父亲是谁呀？见我何事？"

赵匡胤单膝跪地行了个大礼，答道："我父亲是赵弘殷，他让我来投奔您！"

郭威还是不抬头，只是说："把你父亲的书信呈上来！"

赵匡胤不敢起身，回道："我父亲说了，书信无非一些面子上的客套话，说您见了我本人，行与不行，您自会定夺！"

郭威这才抬头，说："你父亲赵弘殷我倒也知道，是个有本事的人，他也在禁军中，他不留你，却让你到我这儿来。我这儿正要打大仗，你不怕死吗？"

赵匡胤朗声说："男儿立世，当以道义为重，生死为轻！"

郭威盯了赵匡胤一眼："现在这些吵着闹着来当兵的，不是为了吃口饱饭，便是想求功名，求富贵！你说这些乱七八糟的，有用吗？"

赵匡胤高昂着头："官禄不堪守，钱财不堪留。在下为人，不想苟且，只想做昂藏丈夫，计利当计天下利，求名只求万世名。如此，方不负平生！"

郭威这才"哦"了一声，抬抬手，示意赵匡胤站起来。郭威绕着赵匡胤走了一圈，又点点头，突然出手，一拳猛地砸在赵匡胤胸口。

赵匡胤身子微微晃了一下，兀自挺立。

郭威又点点头，"嗯"了一声，问："你在我身边，当一名亲兵侍卫，肯吗？"

赵匡胤昂头应道："在下求之不得！"

于是，年轻的赵匡胤成为郭威帐下的一名亲兵侍卫。

经过长达一年的跋涉，赵匡胤终于停下流浪的脚步。

他的人生，也从此揭开了新的篇章。

第三章　风云际会

三镇之乱

那个荒唐的年代有无数的荒唐事，最荒唐的是，手握重兵、割据一方的节度使，谁都不把皇帝当回事，梦想逮着机会自己当皇帝。

刘知远当了一年皇帝就死了，他的儿子刘承祐继位。刘知远的弟弟刘崇首先不乐意，很想把侄子的位子抢过来，但忌讳刘承祐身边的大将郭威，迟迟不敢动手。

他不动手，天下人却知道他迟早会动手。而另外的人先忍不住，抢先动手了。

先动手的是河中节度使李守贞。李守贞说起来也是一代名将，曾大败契丹大军，任河中节度使后，“招纳亡命，养死士，治城堑，缮甲兵，昼夜不息”，兵强马壮，没怎么把其他地方的人马放在眼里。

在他前面，已经有好多位领兵大将因觊觎皇位丢了小命，但他觉得别人不行，自己可以。

一是刘崇一直在并州广蓄兵马，久有异志，朝廷对他不得不防，必须分兵对付。二是他可以学石敬瑭，给契丹人当干儿子，让契丹人帮他得到皇位，虽然前面杨光远、赵德钧、赵延寿、杜威等大将结交契丹没有成功反倒都丢了性命，他却一直认为契丹一定会帮他。于是，李守贞一次又一次派密使带着蜡丸密书去笼络契丹，这些蜡丸有一大半在边关被朝廷查获，他却一无所知。三是他帐下有个和尚说自己知异数，一直说他有帝王之相。有一次他打了个赌，当着众将官说道，自己只要射中墙上画中老虎的舌头，就会有大运来临。他张弓搭箭射去，竟然一箭中的。由此他坚信自己必是皇帝命。四是老朋友赵思绾出兵夺了长安，给李守贞送来了表章和御衣，摆明了是要他出头做皇帝。有了这几条，他认定自己铁定成功，于是自命为秦王，反了！

他不仅自己反，还串通凤翔节度使王景崇、永兴军节度使赵思绾一起反，互为呼应。另派手下骁将王继勋据守潼关。

河中、凤翔、永兴三镇，均是天下重镇，三镇一反，天下震动。

皇帝马上命郭威平叛。

郭威派出白文珂、郭从义、常思等人分兵征伐。

李守贞以为自己的军队很能打，没想到郭威的兵马才是真能打。几场仗打下来，李守贞节节败退，一直退回河中城。白文珂带人屡次攻城，屡攻不克。李守贞这么多年苦心经营，把河中城修得坚固无比，并且在城内广积粮草。

只要城不破，李守贞就不怕。因为，刘崇迟早会出手抢侄子的皇位，契丹很需要中原再出一个像石敬瑭那样的儿皇帝，迟早也会来救他。王景崇、赵思缩都有悍兵骁将，朝廷不得不分兵应付。只要时机一到，他倾城而出，天下还会是他的！

他没想到，郭威亲自来了。

郭威带着赵匡胤等几个亲兵绕着河中城兜了几个圈子，回来后命令继续围城。在河中城东、西、南各筑一个大寨，只留北方不筑，留个缺口。又征调周边五县百姓两万多人，在大寨与河中城之间，筑起一个接一个的小堡垒，并串连起来，既护卫大寨，又围住河中城。

大家都不理解郭威为啥要这么干，赵匡胤也不懂：白文珂他们已经把河中围了很久，现在主力大部队来了，一鼓作气攻下城池，势在必得，何必如此大费周章？

郭威不解释，只是命令大家各司其职，严加守护。

赵匡胤每天跟在郭威身边，跟着他巡查兵营，跟着他和士兵一起吃大灶，还跟着他查看天气、水文、地理。除了没进河中城，郭威角角落落都看到、走到。

但还是不攻城，一个月过去，两个月过去，三个月过去了。郭威按兵不动，每天带着赵匡胤等亲兵巡查、看望伤病的士兵，和士兵一起吃大灶。

朝廷赏赐来了，郭威一文不取，全部犒赏三军。

其实，郭威带来的队伍，大多数是李守贞的旧部，李守贞从后晋开始，就多次执掌禁军，跟这些人交情不浅。这也是郭威只围不攻的重要原因。现在，三军上下得了郭威的好处，变得同仇敌忾，一致表示：跟定郭威，困死李守贞！

这天深夜，营帐外突然一阵嘈杂，早已准备停当的各队人马立即齐整整地出营列队。原来，李守贞带着人马冲出城来，看到郭威的军队严阵以待，只好扒了城外的几座小堡垒，又退回城里去了。

次日一早，郭威命令将这几个缺口马上补上。

过了十来天，李守贞又在深更半夜冲出来，还是只能扒毁几个小堡垒而已。

第二天郭威又迅速补上。

这样反反复复好多个回合。

李守贞扒起来很费劲，郭威补起来却很轻松。

更有意思的是，每次李守贞带出来的人马，回去的时候一次比一次少。

一年时间过去了，城外的郭威有吃有喝，斗志旺盛，城里的李守贞存粮越来越少，仓底都快露出来了。再说了，主粮还有一点，副粮呢？蔬菜、猪肉、酒食，能有吗？一年多只吃点干巴巴的主粮，沉得住气吗？人心早乱了。

这天，郭威号令三军：马上攻城！

郭威攻城，只攻三面，把北面留下来，一个士兵都没有。

城里人都不傻，摆明了城要破，谁还肯为李守贞卖命，一忽拉的，全涌到北门，打开城门，往北逃去。

李守贞不逃，他知道北方也逃不脱。他领着全家人，关在屋里放了一把火，一家人一起在烈火中丧命。

那些从北门逃出的人，逃了没多久就被郭威埋伏的人马给堵了。伏兵张着弓搭上箭，大声喝问："降还是不降？"

所有的人尽皆下马，一起投降。

这支李守贞苦心孤诣经营多年的精兵，尽归郭威所有。

这一年多，跟着郭威的赵匡胤真是大开眼界。

这天，他趁郭威心情好，请教郭威怎么能这样打仗。

郭威说："虽然李守贞造反是利令智昏，但他不是没脑子的人。我了解他。虽然我全力攻城，不几日必然攻下，但我的士卒都是精兵良卒，将来还有大用，不能多死人。再说李守贞这支队伍能大败契丹，实力不弱，我还想据为己有。他吃定我找他速战速决，以为我忌讳刘崇异动。我一方面派耳目盯死刘崇，另一方面知道只要契丹不撑腰，刘崇断不敢轻举妄动。所以李守贞以为我不敢长时间围困他，我偏要长时间困住他，打击他的心理。筑大寨、筑堡垒，都是在告诉他，我要困死他。然后让他一次次突破，一次次失败，一锤子接一锤子，先从心理上锤死他！"

"您怎么知道他一定会从城里突击，扒毁那些堡垒？"

郭威哈哈一笑："这早在我的意料之中。河中城池虽然坚固，但被长期围困的人，心理压力是非常大的。他不知道我哪天会突然攻城，为了获得心理上的一种安全感，同时也为了稳定城里的人心，让城里军民知道他还有实力，他一定会反复出城，显示自己的力量。"

赵匡胤拜服。

永兴军节度使赵思绾也算是能打仗的人，像守命根一样守着他的属地。新皇继位，命他入朝拜谒，他却认为一入朝定然没命，于是拼命撺掇李守贞造反，攻下长安后，送李守贞表章和御衣，硬是捣鼓李守贞先扯了反旗。但他也没得到自己想要的安生日子，郭威一声令下，镇宁军节度使郭从义就把他围了个水泄不通。一直围了几个月，城里粮尽，生性残暴的赵思绾竟然以人肉为食。

郭威解决了李守贞便赶到永兴，赵思绾看到郭威，再也没有死扛下去的勇气，直接打开城门投降。

不杀降兵是规矩，但赵思绾这种禽兽不如的东西，怎么能让他再苟活人世呢？这天，赵匡胤看到郭威拿出一封信札，交给一位来自蜀地的亲兵，让他乔装打扮一番，悄悄送到赵思绾家中。不久，这名亲兵就带回了赵思绾的回信。郭威打开一看，立马让赵匡胤将这封信送到郭从礼兵营。

第二天，郭从礼以勾结后蜀的名义，逮了赵思绾全家，将赵思绾及儿子斩于闹市。

围困王景崇的是郭威手下的赵晖。凤翔是军事要地，王景崇的兵马实力比赵思绾强很多，但也被赵晖打败围进城里。赵晖铁桶似的把凤翔围起来。郭威赶往凤翔的途中，趁着向赵匡胤解说打垮李守贞智计的高兴劲儿，想考考赵匡胤，问他："你想想看，怎么对付胆子不大却奸诈无比的王景崇？"

赵匡胤说："凤翔紧邻后蜀，王景崇必然会勾结后蜀。可以一边加紧进攻，一边另派一支精兵假装后蜀兵马接应王景崇，趁机歼之。"

郭威点头："不错，就按你说的办！"

赵匡胤一番布置，一方面让赵晖派出人马，掘壕而进，日夜不停地加强攻势。另一面，派出一千多精兵，伪装成后蜀的军队，从南面山上下来。王景崇以为救兵来了，派出城里几千精兵出城迎接，被赵晖设埋伏杀光，从此不敢复出。得知郭威赶到后，他彻底绝望，让手下出东门投降，自己带着全家自焚而死。

郭威以全胜收兵。三镇之乱就此平息。这是赵匡胤首次经历的系统性战役。

京中巨变

郭威凯旋还朝，刘承祐给他升官至侍中，仍任枢密使，赐金银各五千两，绢绵各五千匹。郭威不肯独自受赏，把功劳让给了众将士和在朝的诸位大臣，皇帝一开心，便把朝中所有大臣和下面的藩镇全给赏了。真是满朝欢喜，一团和气。

喜洋洋的朝廷却不能让郭威开心。后汉高祖刘知远临死前，觉得儿子刘承祐太年轻，任命郭威、苏逢吉、杨邠、史弘肇为顾命大臣，辅佐刘承祐。刘承祐不过一刚刚二十出头的大孩子，拿不出什么主意，几个大臣却一个个主意大得出奇，互不服气，当然也不服郭威。郭威不想跟他们费口舌，最好的办法当然是躲得远远的。

郭威回京，赵匡胤也终于回到家，见到父母、贺娟和弟弟妹妹，一家人团聚，欢笑和眼泪全有了。赵弘殷听说儿子在郭威手下当亲兵，连连称好！他佩服郭威，不仅是郭威权力大，后汉的军队，包括藩镇那些节度使的兵马，都由他统领，更在于郭威本事大，人品好。郭威好好的，皇帝的江山就有了压舱石，沉不了！他说，郭威不只是大人物，更是大英雄。

赵匡胤还有个大惊喜：他在郭威家中，见到了在岳州相识的郭荣，让他想不到的是，郭荣是郭威的养子。郭荣看到赵匡胤成了父亲身边的亲兵护卫，自是十分高兴。

这时，河北边境的州郡奏报，契丹不断出兵滋扰，危及边境安全，请求朝廷派兵加强防御。于是，皇帝任命郭威为邺都留守、天雄军节度使，担任起镇守河北、防御契丹的重任。

离开京城是非之地，郭威好不开心，想不到，几位大臣为他出征的事大吵起来。

宰相苏逢吉很不放心郭威顶着枢密使的头衔在外带兵，理由是枢密使虽然名义上官职略小于宰相，但掌管军政大权，权力实际上比宰相大多了，如果再带兵在外，在外面搞出名堂来，那太可怕。中书令史弘肇却认为郭威必须带着枢密使的头衔出征，这样才好统率诸路兵马。两人争执不下，皇帝也发愁。郭威反过来劝慰皇帝说："我率兵在外，一定不负陛下重托。朝中之事，太后见识多，您要多听她的，另外，苏逢吉、史弘肇都是先帝老臣，尽忠为国，陛下要与他们推心置腹，国家就会越来越好。"

出发的时候，郭威带上了养子郭荣。

郭威对契丹军队研究已久，他驻守邺城后，四处出击，痛击契丹"打谷草"的骑兵，边境逐渐安宁下来。

没想到，这时的京城，一场惊天动地的巨变开始了。

刘承祐当皇帝快三年了，越当越觉得憋屈。所有的权力，都被苏逢吉、杨邠、史弘肇、王章、郭威等几个大臣瓜分了，根本没他啥事。有一天，杨邠、史弘肇、王章等人在朝堂议事，议好后，一直呆坐在龙椅上的刘承祐提醒说："事成之后，不要使民众有怨言。"杨邠白了他一眼，说："皇上不要多管，有臣在！"生生把刘承祐给噎了回来。

刘承祐很生气，他想做真正的皇帝，决定对妨碍他的重臣动手。他暗地里联络李业等几个大臣，决定把几个手握大权的人去掉。一天早朝时，埋伏的士兵杀了史弘肇、杨邠、王章三人，接着又杀了他们全家。宰相苏逢吉在一旁看着，不吱一声，内心却为几个政敌落此下场而窃喜。

本来，杨邠总机政，郭威主征伐，史弘肇典宿卫，王章掌财赋，四个人把朝政大权包揽了，现在，四个大臣除了三个，只剩一个手握兵权在外征战的郭威。郭威是最不爱惹事的人，一直不参与朝廷的钩心斗角。如果刘承祐到此收手，他的目的其实达到了。但他杀心一起，眼睛就红了，连郭威也要杀，要把郭威手里的兵权夺回来！

这个没干过大事的毛孩子把事情想得太简单，派供奉官孟业带着诏书偷偷去邺都，命令河北行营都指挥使郭崇威、曹威杀郭威和监军王峻。郭崇威见了诏书，大惊，马上将孟业关起来，带着皇帝诏书来见郭威。郭威没想到，自己一门心思精忠报国，为国家立下汗马功劳，这个小皇帝却来要自己的命。既然如此，那就一不做，二不休了！

郭威的这些变化，亲兵护卫赵匡胤都看在眼里。

郭威马上召集几名心腹大将商议对策。大家的意见很明确：杀回京城，“清君侧”！

亲信魏仁浦又出一招：既然皇帝来诏书了，干脆再造一个诏书。于是，郭威把自己的官印倒过来，印在假造的诏书上，诏书上写的是命令郭威诛杀营中诸大将。这诏书在军营一公布，立即炸了窝，将士们全都扯起嗓子吼着要跟随郭威去“清君侧”！

郭威留下养子郭荣镇守邺都，命郭崇威为先锋，亲率大军向京城汴梁进发。

走到半路，郭威觉得戏还没做足，他得讲规矩，更要讲道理，不能给人以任何“弑君篡位”的口实。于是，他给刘承祐写了封言辞恳切的信，说只要皇上收回成命，他马上退兵，以后仍然“君是君，臣是臣，我郭威仍然死心塌地地做皇上的忠臣”。

但这时的刘承祐完全疯掉了，他现在不是不信郭威反，而是生怕郭威不反。因为，他已经收到各地藩镇效忠和勤王的表章，天平军、平卢军、永兴军、泰宁军、匡国军节度使高行周、符彦卿、郭从义、慕容彦超、薛怀让等，正统率本镇人马赶往京城，人多势众，你郭威这点兵马，不是找死吗？

这个毛孩子，他把郭威的最后通牒理解成郭威心虚胆怯的求饶信了！

他马上公开郭威的书信，作为郭威谋反的证据，然后把郭威全家数十口全部诛杀，不顾李太后的百般劝阻，竟然亲率京城禁军，领着苏逢吉、聂文进、郭允明等人，出城迎战郭威！

郭威的妻子及三个儿子、养子郭荣的妻子及三个儿子，全部死于刘承祐之手！

听到消息，郭威虎躯一震，吐出一口血来。

全军将士听闻噩耗，肺都气炸了，他们同仇敌忾，誓为郭家报仇！

郭威的队伍，就此从叛军变为正义之师，而且是哀兵。郭威统率全军，势如破竹，直扑汴梁开封。郭威在七里坡与刘承祐的队伍相遇，当即展开大战。刘承祐的军队像纸糊的气球，一戳即破，四散溃逃。刘承祐跟着郭允明逃到赵村，被郭允明一刀取了性命。

郭威的军队摧枯拉朽一般，一举攻克汴梁。郭威放任手下在城里大掠三天，不闻不问。也许只有这样，才能安抚他全家惨死的伤痛。

坏事干尽，已经逃回汴梁的宰相苏逢吉，自知不会有好下场，在家中结果了自己的性命。

郭威回到汴梁第一件事就是入宫。现在，能够影响大局的只有李太后，把她摆平了，还在路上的五路勤王大军就会回头，国家就能免于大乱。

宫门外虽然重兵把守，但深入内宫时，郭威只带赵匡胤一名亲兵。他对赵匡胤说："我们守规矩、讲道理，但不可能守死规矩、讲死道理！"

赵匡胤大声答："明白！"

赵匡胤只身走在郭威前面。到了李太后的殿外，门口两位披甲护卫挡在前面，要赵匡胤留在外面，赵匡胤一把将两名护卫推开三尺，大跨一步进到室内，郭威随后进来。

李太后见了郭威，连忙站起身来。郭威抢上前，连磕三个响头，说："属下真不该这样做。但属下不明白，不这样做，还能怎么做？请太后明示！"

李太后上前亲自扶起郭威，满眼含泪，说："不怪你！是我没教好自己的儿子！"

郭威听了，再也忍不住，两手捧脸，大哭起来。

李太后耐心地等郭威哭完，这才缓缓地说："我儿子不知轻重，独断专行，致有今天之祸，也害了你家人性命。现在覆水难收，刘家的江山，也坐到头了。我就把国家托给你，望你善待百姓。"

郭威急忙跪下，说："禀太后，郭威谨守为臣本分，不敢觊觎皇位！皇位仍属刘家！"

李太后当然知道三禅三让的典故，所以再三请求郭威当皇帝，郭威坚辞不受。

最后，议立刘崇的儿子、武宁节度使刘赟为帝，并安排宰相冯道马上去徐州迎刘赟。刘赟即位前，由李太后垂帘听政。

严重的事态好像就此平息了。但赵匡胤心里很清楚，好戏在后面！

这天，他趁郭威心情尚好，问："万一刘赟即位后，比刘承祐更坏，怎么办？"

郭威漫不经心地应道："他如果不懂怎么当皇帝，我们就教他做一个好皇帝。"

这时最激动的，是远在并州的刘崇。郭威率兵赴汴梁，他只要统率并州大军，直接就抄了郭威的后路，郭威让郭荣留守邺都，防的就是他这一手。但刘崇不想这样帮侄儿灭了郭威，助侄儿坐稳皇位，他最想要的是郭威与侄儿先斗个你死我活，双方元气大伤，然后他大兵一出，轻易就能把龙椅挪到自己跟前。郭威拿下汴梁，刘承祐死后，刘崇恨得咬牙切齿，准备跟郭威拼个鱼死网破。万万没想到，郭威把皇位让给了自己的儿子刘赟，还来了封言辞恳切的信，说了一大堆不能僭越当皇帝的理由，可把刘崇乐坏了。本来马上出发的人马就地解散，放大假让他们喝酒赌钱乐呵去了。

刘崇这边没事，郭威却收到一封关防急件，说契丹大军压境，将不利于中原。安排妥当后，郭威统率三军离开汴梁，直奔邺都。

一路上走走停停，谁也不着急，倒是经常有三三两两的人物，进到郭威的军中大帐，关起门来议事，一议就是大半天。

这天，大军走到澶州就不动了，扎营歇息。半夜时分，兵营突然嘈杂起来，声音越来越响。有个校尉大喊："我们入汴梁，要了皇帝的命，把皇室的财产抢光了，如果刘赟当皇帝，我们能有好下场吗？"

士兵们里三层外三层把郭威的军帐围了个水泄不通，目的只有一个，要郭威当皇帝！

郭威走出辕门，急得直跺脚："你们这是要干什么？逼我造反吗？"

军士们叫道："刘赟当皇帝，我们没活路！你当皇帝，我们一起求富贵！"

郭威连声说"不行"。这时，一直在身旁的赵匡胤跨步上前，一把扯下辕门前一面黄色的旗帜，披在郭威身上，俯身下拜，喊："皇上万岁，万万岁！"

事已至此，郭威装出一副无奈的样子，带领三军再返汴梁开封，带着赵匡胤再入内宫。这回，李太后亲自捧出传国玉玺，交给郭威，当场命郭威为监国。

第二天，有消息传来，走到半路的刘赟，被王峻派人给杀了。

公元951年正月，郭威正式称帝，国号周，定都汴梁。

这一年，赵匡胤二十五岁。

郭威改革

雄踞并州的刘崇没有等到刘赟当皇帝的喜讯，却等来他被郭威半路截杀的噩耗。他咬牙切齿痛骂郭威一顿后，自己登基当了皇帝，国号仍为汉，是为北汉。

郭威有情有义，登基后广布恩泽，手下一大批铁杆非富即贵。

他奖赏最多的是老搭档王峻。王峻一直在郭威的军中当监军，本来是朝廷外派来制约郭威的，但他却跟郭威做起了哥们儿，一直给郭威撑腰，后来还死心塌地出谋划策全力支持郭威当皇帝。郭威登基后，就封他为枢密使，兼同中书门下平章事，可说是一人之下、万人之上，显赫一时。

张永德是郭威的女婿，封左卫将军、内殿直小底四班都知，加驸马都尉，领和州刺史。

李重进是郭威四姐的儿子，他的亲外甥，世上唯一与他有血缘关系的后辈，封内殿直都知，领泗州刺史。

郭威养子郭荣授镇宁军节度使、检校太傅、澶州刺史、同中书门下平章事，封太原郡侯，镇守澶州，直接面对北汉刘崇。刘崇一直想攻下澶州，但郭荣守御有方，不给刘崇丝毫机会。他为政清肃，盗不犯境，官民都非常信赖他。

赵匡胤也因功授东西班行首，成为郭威禁军中的校级军官，虽然官阶不高，但负责郭威的贴身警卫，位置重要。

郭威登基不久，便亲自去曲阜拜谒孔子祠。当他向孔子塑像下拜时，身边的侍从连忙劝阻，说："孔夫子是陪臣，不能受天子之拜！"

郭威说："孔子是百世帝王之师，岂能对他不恭敬！"接着，郭威又亲自去孔子墓前祭拜。郭威还下令百姓不得进入孔林采樵，然后修缮孔庙，访求孔子、颜渊两家后裔，任命他们担任曲阜县令和主簿。

这件事给赵匡胤很大触动。他当然明白郭威是在立规矩，他从此也改了不爱读书的习惯，公事之余经常读些书籍。

郭威出身底层，从小卒做起，对百姓疾苦感受很深，非常体恤百姓。他诏令地方官吏不得以任何借口加收百姓赋税，废除正税以外的所有杂税。

他虽贵为皇上，却诸事节俭，不铺张，戒奢靡。

他行伍出身，识字不多，但很尊重文人，要求文武官员都要提出利国利民的策略，但文字要直白，不要堆砌华丽辞藻。对文武大臣的各种意见，他都会敞开胸怀认真对待。

郭威还着手改革了后汉的一系列严刑峻法。后汉规定，盗窃一文钱也要处死，还得株连亲属。郭威则规定，不是反叛和杀害亲属之类大逆不道的重罪，不再株连亲属。后汉时，国家垄断专卖酒和酒曲，民间有人私自买卖的，不论多少一律处死。郭威则大大减轻处罚：一两至一斤的杖刑八十，一斤以上到五斤的判刑三年，五斤以上的则处死。后汉时禁止民间收藏、买卖牛皮，私自买卖哪怕一寸也要处死。但郭威知道民间用牛皮的地方很多，他规定，有田四十亩的才收取一张牛皮的实物税，其余的民间可以随意买卖。

不久之后，国家就达到小治，呈现多年罕见的升平气象。被契丹控制的幽州一带的百姓听说后，数十万人逃回中原。而中原由于连年战乱，有很多无主田地，郭威便把这些无主田分给这些逃回的难民，作为他们的永业，人口和产业规模一下子都扩大了。

每天随侍郭威身边，郭威做的每件事，赵匡胤都看在眼里，记在心里。

郭威跟发妻柴氏的感情，也对赵匡胤有深远影响。

郭威出身穷苦，但长得魁梧，勇力过人。他先投军于李继韬麾下，很受赏识。李继韬被李存勖灭后，郭威被收编入李存勖的亲军“从马直”。有一次，郭威在街上看到一屠户欺行霸市，嚣张跋扈，就上前痛骂屠户。那屠户与郭威对骂，郭威操起肉案上的刀子杀了屠户，下了大狱。守卫官见他勇猛侠义，便偷偷放他逃命。他逃到黄河岸边，恰逢暴雨，河水猛涨，舟楫难行，便在岸边一座破庙里栖身。

这时，李嗣源即位，倡行节俭，将李存勖后宫妃嫔及大批宫女遣送回家。有一位柴姓宫女，在回家途中也因暴雨受阻，避雨走进了那座破庙，与郭威相遇。柴氏虽是一普通宫女，但在宫中见过很多英雄豪杰，颇有识人眼光，一眼就看出落魄的郭威与众不同，于是决定以身相许。她将从宫中带出的珠宝分成两份，一份带回家，一份留给自己与郭威成家过日子。

婚后，郭威带着柴氏投奔河东节度使石敬瑭，成为河东大将刘知远帐下的一名小校。一次后唐兵马与契丹作战，郭威以两千伏兵大败契丹军队数万人，由此得到刘知远器重。后来郭威辅佐刘知远称帝，成为后汉朝廷重臣。这个过程中，柴氏起了非常重要的作用。她常把自己在宫中的所见所闻告诉郭威，告诉他治国顺民的道理，郭威对柴氏非常尊重，经常采纳她的建议。因为柴氏无子，郭威便收养了柴氏哥哥的孩子柴荣，改柴姓为郭姓，视同己出。郭荣既聪明又勤奋，很早就在江陵一带做买卖贴补家用，对民风民情和底层百姓生活了解透彻。后来郭荣跟随郭威南征北战，出生入死，成为郭威的得力干将。

刘承祐杀郭威全家，柴氏连同郭荣的妻子和三个儿子一起惨遭毒手。郭威创痛巨深，一直思念柴氏，登基后不再册立皇后。

义社十兄弟

在郭威的亲军队伍中，赵匡胤虽然官职不高，但视野阔，境界大，而且更加勤勉，只要是郭威的命令，他一定出死力完成。

但他除了力，更有智，会动脑子。每做好一件事，能量圈就会升一级。

有一次，赵匡胤陪郭威巡察边陲重镇西林川。这次巡察比较低调，知道的人不多。刚进西林川没多久，北汉大将刘定国就率兵来攻！郭威吓了一跳，以为行踪暴露，但细细观察，发现刘定国带领的兵卒并不多，便认定刘定国不知道自己在此。

要脱困必须尽快打败刘定国。赵匡胤主动请缨，出城迎战。

两军对阵，勇者争胜。赵匡胤仍是使他的齐眉棍，一马当先，认准刘定国直冲过去。刘定国是北汉出名的猛将，见赵匡胤胆敢直冲自己，催马便上，上演了古战场上少有的两位主将单挑的好戏。

刘定国力大，使的是金背砍山刀，赵匡胤棍术精奇，近挑远扫，灵便无比，两人你来我往，缠斗不息。眼看渐渐熟悉了刘定国的套路，不想刘定国力沉刀快，一刀竟将赵匡胤白蜡木的齐眉棍削成了两半。

刘定国倒也是英雄，竟然停止了进攻，哈哈大笑，说："我不占你兵刃便宜，你快去换了兵器，让我打得你服气！"

赵匡胤捡起地上的半截棍子，说："待我回去修好棍子，明天仍用这根齐眉棍赢你！"

各自收兵后，赵匡胤苦思怎么破刘定国的金背砍山刀。白蜡木虽然非常坚硬，但毕竟是木质，占不了金背砍山刀的便宜。但说好的明天仍用这根齐眉棍出战，怎么把劣势转化为优势啊？他想啊想，忽然想到前两年在岳州做买卖时，在乡下看到农民打场时用的连枷，木柄的前端是一个可以转动的枷，运用起来十分方便。他大腿一拍："有了！"他连夜找了家铁匠铺子，将被削断的两头用铁皮箍紧，中间用链条相接，原来一根直直的长棍变得一截长一截短。

第二天，赵匡胤精神抖擞地重上战场。刘定国见赵匡胤只是将昨天的断棍用链子连在一块儿，哈哈大笑。赵匡胤不答话，一棍便朝刘定国扫去。刘定国举刀一格，格住了棍子的下半截，上半截去势不衰，重重击在他的后脑上，后脑护具少，顿时砸得他眼冒金星。赵匡胤迅即往下扫，下半截击在刘定国马腿上，上半截打中了马头。战马吃痛，立起长嘶，把刘定国掀下马来！

赵匡胤上前，活捉了刘定国，北汉军顿时作鸟兽散。后周军大胜而回。

这是让赵匡胤声名大噪的一仗。从此，十八般兵器之外又多了一个新兵器，当时被称为"大扫子"，后来广泛用在军队，专门用来扫敌军马脚、破甲兵或硬兵器。后来岳飞大破金军"铁浮图"和"拐子马"时，也用到这种兵器，只不过名称改为"盘龙棍"。

很久很久之后，它又了有一个新名字，叫"双截棍"。

郭威在位的三年里，不论是北汉南侵还是慕容彦超叛乱，赵匡胤都有参与作战。他勇猛善战的名声越来越响亮，与战友并肩作战时结成的生死情谊，也让他迅速在禁军中扩大了影响力和人脉关系。

侠义之心也是赵匡胤能够吸引朋友的强大向心力。在郭威的禁军中，石守信、王审琦、韩重赟都是跟赵匡胤要好的哥们，对赵匡胤打心底里服气。围绕这几个人再往外扩散，组成了赵匡胤、杨光义、石守信、李继勋、王审琦、刘庆义、刘守忠、刘廷让、韩重赟、王政忠十人的圈子。这十人中，赵匡胤并不是官最大的，年龄最大、官也最大的是李继勋，是禁军中的厢主，已经是将领级了，其次是赵匡胤，为军主，是校尉级中职位较高的，另外八人，则全是营级指挥，是禁军中的下级军官。但赵匡胤并不嫌他们职位低微，而是拉上李继勋与他们义结金兰，号称“义社十兄弟”。

“义社十兄弟”以李继勋居长，不论年龄、官职，都以李继勋为最，但从一开始，赵匡胤就是“义社十兄弟”中的核心，性格谦和、为人忠厚的李继勋出面成为义社的招牌，而真正的领袖和核心却躲在李继勋身后，非常巧妙地分散了人们的注意力。

写在“义社十兄弟”金兰谱上的誓言，也是赵匡胤亲自撰写的——

“吾等十人，意义相投，愿效刘关张，结为异姓兄弟，毋以名利相倾轧，毋以才德而骄矜。有福同享，有祸同当。情义如天，生死不避。若违此誓，五雷击顶。”

在金兰谱上签了名字，换了庚帖，喝了血酒，从此，十个人的前途命运，就紧紧地绑在一起了。后来，这十个人都成为后周的高级将领，在每个重要时期，都给赵匡胤提供了极为重要的支持，直到将赵匡胤扶上皇位。

他们大都在《宋史》中有传，文献记载的赵匡胤之外的九人是——保静军节度使杨光义，天平军节度使、同平章事兼侍中石守信，昭义军节度使兼侍中李继勋，忠武军节度使、同平章事、中书令、秦王王审琦，忠远军节度使、观察留后刘庆义，左骁卫上将军刘守忠，右骁卫上将军刘廷让，彰德军节度使韩重赟，解州刺史王政忠。

后来，低级军官潘美、李处耘、田重进也成为赵匡胤朋友圈中的核心成员，他们虽然不属于“义社十兄弟”，但后来都是手握重兵的大将，为赵匡胤立下汗马功劳。

柴荣继位

跟郭威关系最近的有三个人：养子郭荣、女婿张永德、外甥李重进。李重进与郭威有血缘关系，张永德是郭威女儿的丈夫，按理说，这两人关系理应比郭荣更近，但郭威显然跟郭荣更亲密，这不仅因为郭荣是柴氏留在世上的唯一念想，更因为郭荣的气度和才干远超诸人。

但还有一个人，也得到郭威特别的器重和委用，那就是郭威的铁哥们儿王峻。王峻在郭威登基过程中立下头功。郭威也没亏待他，权力、地位和名声，都是一人之下，万人之上。王峻位居高位，办事仍然非常认真，日夜加班加点，为稳定刚刚创建的政权立下功劳。但时间一长，他就开始骄横起来，把自己看成一字并肩王，不论什么事都要按他的意思去办，否则就不高兴。郭威看在过去交情的份上，一直迁就他。但王峻却不知深浅，得寸进尺，随心所欲地做事，如果郭威顺着他，他就高兴，如果不答应，他立刻怒容满面，嘴里不干不净的粗话就出来了，郭威还得忍着。

郭威刚登基时，王峻率兵破了刘崇对晋州的围困。后来刘知远同母异父的弟弟慕容彦超联络南唐李昇造反，郭威御驾亲征，王峻随同出征，并率领队伍率先攻入南城，为破慕容彦超立下大功。但他居功自傲，先以辞职试探郭威，得到郭威挽留后，就认为郭威离不开他，不断地向郭威提各种无理要求。他要兼任青州节度使，郭威同意；他向国库借绫绢万匹，郭威也给了他。但他又嫉妒郭荣与郭威的关系，更畏忌郭荣的聪明果断和威望。为了孤立郭荣，每次郭威召郭荣进京，王峻都百般阻挠，即使进了京，他也不让郭荣过夜，办好事就得马上离开京城。

郭威要调儿子郭荣回京，王峻联合其他大臣群起反对。郭威要用文臣治国，王峻也百般阻挠，一定要郭威撤掉亲自选用的文臣，罢免宰相李谷、范质，改用他推荐的一批人，还要郭威当场批准。郭威实在是忍无可忍，在第二天早朝时，把王峻拘押起来。但郭威仍对他念着旧情，只是贬他为商州司马，但气量狭小的王峻却被活活气死了。

接着，郭威升了赵匡胤的官，任滑州兴顺军副指挥使，虽然职衔仍不太高，但显然是从中央下派，挂职锻炼。赵匡胤正乐呵呵的准备履新，突然一道通知又来了，甭去！

原来，这时的郭荣被郭威加封为晋王，出任开封府尹。郭荣从澶州赶回赴任，看到赵匡胤要被调往滑州，赶紧上书朝廷，把赵匡胤截了下来，担任开封府马直军使，是负责指挥开封府属骑兵的指挥官。官虽然也不大，但留在京城，在皇子身边听命，这位置非同小可。

郭威当了近三年皇帝，正值壮年的他突然病重。他预感自己来日无多，便任命郭荣为判内外兵马事，统率天下兵马，又吩咐郭荣赶紧给他修陵墓。他说："我从前西征时，见到唐朝帝王的十八座陵寝统统被人发掘、盗窃，这是由于陵墓里藏着许多金银财宝的缘故。所以我的陵墓务必从简，别去惊扰百姓，不要用许多工匠，不要派宫人守陵，也用不着在陵墓前立上石人石兽，只要用纸衣装殓，用瓦棺作椁就可以了。安葬后，可以招募陵墓附近的三十户百姓，蠲免他们的徭役，让他们守护陵墓。 陵墓前替我立一块石碑，上面刻几句话，就说我平生习惯于节俭，遗诏命令用纸衣瓦棺。每年寒食节，可以派人来给我扫墓，如果不派人来，在京城里遥祭也可以。但是，你要叫人在河府、魏府各葬一副剑甲，在澶州葬一件通天冠绛纱袍，在东京葬一件平天冠衮龙袍。"

安排好这些，他把张永德叫到身边，说："我没有亲生儿子，你是我的女婿，按理也能继承大位。但你一定要知道，郭荣与我亲如骨肉，对我忠贞不贰，你更要知道，他笃厚睿智，气度见识远在你之上，如果让他屈居你之下，你才德不及他，只怕给你招来祸患。他继位之后，你一定要全力辅佐他，如此，方能尽享富贵！"

张永德泪流满面，在郭威病床前磕头长拜，表示一定谨遵遗命，全力辅佐郭荣。

接着，郭威又把李重进叫到跟前，对他说："我除了女儿，在世的只有你一位血亲了。你母亲与我一母同胞，我岂能不疼不爱？但九五之尊，关乎社稷黎民，当有德者居之。郭荣非我亲生，但更胜亲生。他器貌英奇，雄才大略，笃厚睿智，沉稳少言，堪当大任，当为一代英主。再说他手握重兵、大权，智略过人，你万万不可有觊觎之心，一定要死心塌地辅佐他，不得有半点僭越！切记！切记！"

李重进也是手握重兵、权倾一时的枭雄，向来只服郭威，没把其他人放在眼里，见郭威要求自己对郭荣俯首帖耳，唯命是从，心里一下没个准备，不知该说些什么好。

郭威见此情形，知道李重进内心不服，便马上招来郭荣，要求李重进当着自己的面，向郭荣行臣子觐见帝王的大礼。李重进无奈，只得照办。郭威说："今天你们君臣名分已定，君为君，臣为臣，各安天命，不得坏了规矩！"

两人叩谢，领命。李重进从此成为对郭荣忠贞不贰的铁杆。

郭威命郭荣在自己灵柩前继位，一切从简，以江山社稷、黎民百姓为重。

交代完后事，郭威长出一口气，薨于公元954年正月，享年五十一岁。

郭荣继位后，设年号为显德，恢复了自己的本姓，改称柴荣。

这年，柴荣三十四岁，赵匡胤二十八岁。

一代雄主登上历史舞台，另一位潜在的雄主也要崭露头角。

一个崭新的时代揭开了序幕。

第四章　雄风扫高平

御驾亲征

柴荣登基，赵匡胤又从开封府马直军使擢升为禁军宿卫将，成为禁军中的将级军官，虽然职衔仍不高，但统率的是围绕在柴荣身边的核心亲军,地位十分重要。

没几天，边关警报便一连串飞了过来。

北汉主刘崇得知郭威驾崩，高兴得一蹦三尺高：天赐良机来也！

自从三年前郭威登基，刘崇发兵晋州大败后，再也不敢染指中原。现在，郭威这块绊脚石没了，继位的柴荣不过三十出头的嫩瓜，早年一直在江汉一带做买卖，很迟才入军旅，在军队中完全没有地位。再加上后周初年王峻专权，柴荣也没有机会培植自己的势力，这样的人当皇帝，几个人能服他？趁现在这个乱乎劲，正是发兵中原夺取江山的大好时机。

为了增加胜算，他又学起“儿皇帝”石敬瑭那一套，对契丹自称“侄皇帝”，许以极其丰厚的报酬，邀请契丹出兵，助他扫平中原。面对山一般堆积的金银玉器，契丹人动了心，命大将杨衮率万余骑兵、五万多步兵，与刘崇合兵并州。

刘崇亲率三万人马，以张元徽为先锋，联合契丹兵南下，进逼泽、潞二州。泽潞节度使李筠命将领穆令均率两千兵马迎敌，不料中了北汉军的埋伏，两千兵马死了一千多，穆令均阵亡，剩余人马只得撤回潞州依托城池固守。潞州城池坚固，刘崇不想在攻城上耗费时间，便分兵围城，其余人马直扑泽州。

龙椅尚未坐热的柴荣马上意识到，自己进入了生死局。刘崇这是欺负自己年幼，立足未稳，声望不足，想趁火打劫！面对气势汹汹的北汉契丹联军，后退即死，向前，打败刘崇，才有生路，这是唯一的出路，而且，必须自己亲自出马，亲自打败他，委托任何人都不行！因为，别人打败刘崇，那是别人的功劳，你柴荣新皇登基，寸功未立，何以服众？谁会相信你有能力有气魄坐在皇位上？

必须御驾亲征！

但是，他刚说出这个想法，宰相冯道马上出班上奏：反对！

冯道何许人？他自号长乐老，历仕后唐、后晋、后汉、后周四朝，先后效力于后唐庄宗、后唐明宗、后唐闵帝、后唐末帝、后晋高祖、后晋出帝、后汉高祖、后汉隐帝、后周太祖，其间还向辽太宗称臣，一贯圆滑世故、老谋深算、谨小慎微，从不多说一句话。但今天，皇帝刚张口说御驾亲征，他便站出来反对，分明就没把柴荣这个年轻的新皇帝放在眼里！

他以为柴荣是头脑发热，贪功冒进，谁知柴荣早把前前后后想了个透彻。

冯道说："陛下初继大统，江山未定，人心未稳，必须坚守都城，安定人心。对付北汉契丹联军，派一大将领兵征讨即可。"

柴荣说："北汉主刘崇必会亲征，我不亲自出马，三军难安！"

冯道摇头："北汉主自上次晋州惨败以后，必不敢再亲自出征。"

柴荣又说："昔日唐太宗平定天下，都是亲自出征的。"

冯道还是摇头："陛下不能和唐太宗相比。"

柴荣仍道："北汉军乃是乌合之众，我军击之，如泰山压卵。"

冯道仍是一个劲摇头，道："陛下不是泰山！"

柴荣大怒："待我得胜还朝，看你以何面目见我！"

说完，要三军听命，他亲征北汉，却不让冯道随行，只让冯道担任太祖皇帝山陵使，主持太祖丧事。

有些战略家就像是天生的。在生死攸关的时刻，柴荣不是拿命一搏的疯狂赌徒，而是从全盘到局部都有精确的量度和设计。从兵力配置、粮草辎重的跟进到军队士气的提振，每个细节都有充分的准备。

侍卫亲军马军都指挥使樊爱能、步军都指挥使何徽率前锋先行，快速抵达泽州前线迎敌，缓解潞州城压力；天雄军节度使符彦卿、镇宁军节度使郭崇率军从磁州包抄敌军右路；河中节度使王彦超、保义军节度使韩通率军从晋州包抄敌军左路；柴荣亲率禁军主力从中路迎敌；同时调河阳节度使刘词率军作为后队，形成一个凹形防御面，这样既能分散北汉军的进攻力量，又可以在反击时形成战略包围，让刘崇有来无回！

刘崇久围潞州无果，听说后周援军已到，只留少量部队围困潞州，其余兵力向泽州方向集中。后周先锋部队在泽州的高平城与北汉前锋相遇，两军交战，北汉军被后周军击溃。柴荣怕刘崇逃跑，当即下令加速前进。

这时，禁军中的控鹤军都指挥使赵晁脑子进水，出来劝中军缓行，说大战当前，皇上掌控中军，不宜过分靠前接敌，而应该稳健靠后。柴荣一听，气不打一处来，喝道:“现在什么时候？我御驾亲征干什么来了？此时就当一鼓作气，三军用命，迎难而上，锉掉敌军锋锐！你竟然大谈持重缓行，这个时候还贪生怕死，要你何用！”立即下令，免除赵晁职务，押回大牢，听候发落。

此令一下，三军震慑，所有的人不再存侥幸之心，全军速度顿时加快，只用了两天就抵达泽州，与北汉军遥遥相对。

柴荣未进泽州城，而是和三军将士一样，驻扎在泽州城外，他的中军大帐，就是整个后周队伍的核心。稍做休息，他便走出中军大帐，一直走到最前面的军队前。三军将士看到皇帝走到他们中间，顿时群情激奋，整个军营欢声雷动。

柴荣登上一个高台，大声说：“自安史之乱以来，整个国家陷入战乱，灾祸不断，国运不济，黎民百姓苦难不绝。至今，国家仍然破碎，百姓仍然穷困，根源何在？大家想想，石敬瑭给契丹人当儿皇帝，送掉燕云十六州，让契丹人随时可以进入我中原‘打谷草’，祸害我们，为什么？如果我们建立了统一的国家、强大的国家，还有谁敢来欺负我们？还有谁敢来抢我们的土地和财产？今天我们面对的北汉，一直与我后周为敌，觊觎我中原已久。

如果我们不打败他们，日后就会为人所欺，我们的父母、妻儿都将受人欺辱。将士们，国家的命运掌握在你们手中，你们自己的命运、家人的命运，也掌握在你们手中。我们进一步，是生路，退一步，就是死路，绝路！”

这番慷慨激昂的话语，大大激发了三军将士的斗志，两万多人齐声高喊：“有进无退！有我无敌！”

血战巴公原

公元954年四月，高平城外的巴公原，是一片开阔无垠的地界，天然的战场。

北汉军队列的是一字长蛇阵，刘崇亲率禁军主力居中，大将张元徽居左，契丹大将杨衮率契丹兵马居右。

后周这边，樊爱能、何徽居右，对位张元徽；侍卫亲军马步军都虞候李重进居左，对位杨衮；宣徽使向训率精锐骑兵居中，对位刘崇；柴荣亲率近卫军在二线压阵，殿前司都指挥使张永德、宿卫将赵匡胤随行；而河阳节度使刘词的部队正在赶往战场，赶到后作为预备队顶上。柴荣另外派史彦超率两千兵马埋伏在北汉军的后路，作为一支奇兵，准备在北汉军败退时，伏击全歼！史彦超曾担任过泽州刺史，熟悉地形，选择巴公原以北的江猪岭设伏。

刘崇这边，总计兵马近十万，而与他对阵的后周柴荣，兵马才两万多，而且骑兵不多。双方实力悬殊，以致刘崇完全不把柴荣放在眼里，所有人马全数排上，也不留预备队，以便战场形势变化后适时调整和补充。但是，实战经验丰富的杨衮却发现了问题，他认为后周军队的布阵相当精当，显得准备充分，且信心十足，便赶到刘崇处，说：“后周军是强敌，不可贸然进攻！”但这时刘崇心里正在懊恼的是，请来这么多契丹兵马，得付给他们多少金银财宝。早知柴荣只有这点兵力，他自己完全可以对付，杨衮这个时候还过来长敌人志气，顿时气不打一处来，说：“机不可失，将军就不要说了，且看我破敌。早知柴荣只有这点兵马，也不用请你们来相帮了。”

杨衮也是有脾气的人，见刘崇竟然这样说，就说：“也好，我就在一旁看北汉大军如何破敌！”

于是，契丹一万多骑兵、五万多步兵按兵不动，等于撤出了战斗。

也是奇了，本来东北风刮得很大，这时突然转为南风。北汉枢密直学士王得中认为风势对北汉军队不利，不宜出击。刘崇根本不听，命令左军率先进攻。大将张元徽亲自率领千余重甲骑兵冲击后周的右军，后周右军主将樊爱能、何徽本来就有怯战心理，交战没多久，看到北汉重甲骑兵来势凶猛，抵挡不住，就带领骑兵率先逃走，把后面的步兵方阵也冲乱了，跟着一起向后逃。后周右军迅速被击溃，上千名跑不快的步兵，直接就解甲投降。

后周右军一垮，等于失去了右臂，而左军面对的是更为强大的契丹军，丝毫不敢轻举妄动。后周军的防线一下子就摇晃起来了！山崩地裂，在战场上，就是一瞬间的事儿！

在这危急关头，好一个柴荣，带着几名亲兵护卫，直接从二线跃奔一线，冒着雨一般飞来的箭镞，手持利剑，向着北汉军队冲去！

赵匡胤顿时血脉偾张，大喊："后周生死存亡，在此一战！为皇上效命的时候到了！"士兵们看到皇帝不惧生死，亲当矢石，顿时把生死搁置一边，无不以一当十，向着北汉军队猛冲猛打，被动局面渐渐扭转过来。

赵匡胤策马奔到张永德身边，说："贼气骄，力战可破也！你的手下有很多善于射箭的，请引兵占据高地，西出为左翼，以弓弩射敌，我引兵为右翼以击之。国家安危，在此一举！"张永德大喝："好！"两人各领两千兵马，分头而行。

柴荣统领五十名贴身侍卫，向北汉军队猛冲。他一身黄金甲胄，在千军万马之中闪闪发光，分外耀眼，侍卫们死死护住他，一齐向前。北汉军队何曾见过这么不怕死的皇帝，首先在心理上就怯了三分，再加上逆风作战，风沙迷眼，不知不觉间，渐渐落了下风。

内殿直马仁瑀对手下大喊："让皇上直接面对敌人，要我们这些人有用吗？"说完便跃马向前，拉弓劲射，连杀北汉军数十人。后周军士气大振，个个争先。殿前右番行首马全义对柴荣说："敌人势头虽然猛，但肯定被我们打败，陛下你就按辔不动，看我们阵前破敌吧！"马全义带领几百骑兵，冲进北汉军中，横冲直撞，把北汉的阵形冲了个七零八落。

左翼的白重赞、李重进也是一支生力军。他们见契丹大军按兵不动，后周军队危在旦夕，于是兵行险着，置对面的契丹军队于不顾，直接向刘崇的中军猛冲，契丹军队就在阵前看热闹。这样一来，相当于北汉和后周的军队都失去了右翼。

赵匡胤和张永德的两支兵马，成为扭转战场局势的决定性力量。

张永德率领的两千兵马是骑射军，轻装甲，以在马上射箭为主要攻击方式，攻击能力和机动性都非常强。这支骑兵冲上去后，两侧齐射，给北汉士卒造成重大伤亡。后来他们占据左侧一处高地，居高临下，用强弓硬弩，向四面的北汉军队劲射，北汉军像被收割的高粱一样，成批成批地倒下，一字长蛇阵乱为一团。

再说赵匡胤，率领两千骑兵向着北汉最为精锐的张元徽那一千重装甲骑兵猛扑过去。哪里北汉精骑最密集，他就往哪里冲。赵匡胤一马当先，拦在他马前的，他毫不留情，都是一招就结果了性命，硬生生在北汉的精骑中蹚开了一条血路。不知何时他左臂中箭，也不管不顾，只顾勇猛向前。身后两千骑兵紧紧跟随，将北汉最为精锐的这支重骑兵生生冲开、冲散，然后以多打少，各个击破。北汉这支战斗力最强的重骑兵，顿时败在勇猛无畏的赵匡胤手下。

刘崇见柴荣竟敢亲自冲锋陷阵，大感意外，连忙叫张元徽率重骑兵围剿柴荣卫队。但张元徽被赵匡胤的两千骑兵拖住了，他见赵匡胤英勇无敌，便拍马向赵匡胤直冲过来，后周骑兵见了，一阵箭雨向他射来。虽然他一身重甲，利箭不伤，坐骑却中箭倒地，将张元徽摔在地上，后周兵一拥而上，刀枪并举，将张元徽杀死。北汉军见最为勇猛的战将阵亡，顿时军心四散，溃败而逃。

刘崇亲自挥舞战旗，指挥兵马，但这时已无人听他指挥，只得收集溃散的一万多兵马，隔着山涧再行集结，布下阵势，防止后周军的进一步冲杀。

契丹大军刚开始还在边上看热闹，后来看到后周军越来越占上风，杨衮就一声令下，契丹军掉转身子，直接退出了战场。

再说樊爱能和何徽，他们溃逃后就认定后周必败，而这一败的后果，必然是国家不保，所以在溃逃路上，竟然抢劫自己军队的辎重，杀死运输辎重的夫役。柴荣派近臣和亲兵追上他们，让他们赶回战场，他们非但不听，还唆使兵士把这些人全杀了。他们边逃边散布谣言说："契丹兵马都来了，我们大败，其他人都投降了！"遇上率兵赶来的刘词，他们百般劝阻刘词，把军队大败的谣言又装模作样地说了一遍。但刘词压根就不信，率领兵马继续北上，赶到巴公原时，正好看到北汉军队大败，退到山涧另一边布阵，二话不说，立即旋风般冲过山涧。后周其余兵马也乘胜向前，又一次大败北汉军队，一直追到高平。北汉军队的尸体堆满山谷，委弃的辎重、器械、杂畜等，不可胜数。

这场战役唯一遗憾的是，在江猪岭设伏的史彦超见到樊、何手下的败军，误信了全军溃败的消息，撤离了设伏地点，使得刘崇带领的一百余骑兵得以逃脱。刘崇换了服装，戴上斗笠，骑着契丹所赠的黄骝马，趁夜逃走。走了半宿还迷了路，便抓了村民作为向导，结果误走到了晋州，走了一百多里才发觉，便杀了向导，又趁夜向北走，刚到一个地方拿起筷子，就传后周兵追来了，急忙扔了筷子赶紧逃命。刘崇就这样昼夜奔驰，筋疲力尽，总算支撑着到了并州。

怒杀逃将

后周军在这场生死攸关的大仗中大获全胜，柴荣却来不及高兴。他还有太多的事要做。

那些阵前卸甲、投降北汉的一千多士卒，一个不留，全部被当场处死。这个现在看来过于残酷的惩罚，在当时却是整肃军纪的必要手段。

士兵们仍在打扫战场，他一直陪着战士，不进城。城里温暖舒适的房舍和床榻，以及肉山酒海，要过几天他才会和战士们一起享受。

在巴公原附近的西涧村，他把三军将领召集到一块儿，没有庆祝，没有奖掖，也没有分析这场大战的成败得失，而是抛开这一切，大讲治军，讲治军的“四义”——爱护百姓讲礼义，扶危济困重道义，军民互助讲仁义，一言九鼎重信义！

他释放的信号是：当下最为迫切的，是治军，这比什么都重要！

这场大胜的性质，他比谁都清楚，这是决定性的！北汉虽然地域狭小，物产有限，但兵强马壮，好勇斗狠，一直在觊觎中原，为了获得中原，他们可以认贼作父，不顾廉耻，耗费大量财物请契丹做靠山和后援，随时准备吞并中原。这一场大仗，打折了北汉的胳膊，打瘸了刘崇的“腿”，让他丧失了吞并中原的本钱和能力。这把一直悬在中原头上的利剑，从此摘了下来。

但是，这只能算边患初定。

燕云十六州还在契丹手中，失去了这道屏障，物产丰厚的河北大平原，几乎沦为契丹的大牧场。

好端端一个国家，被分裂为十个国家，而作为国家核心的中原，被这十个国家紧紧包裹着，手脚都没有伸展空间，百姓无通行之便，物资无畅达之门。遥想盛唐，陆上有直通西方的丝绸之路，水上有海上丝绸之路，物资如海，财宝如山，万国来朝，商贾辐辏，那样的盛况，如今只存在于文献记载中。现在，陆路封堵于北汉和契丹，水路受控于南汉、吴越和南唐，要想成为一个强大国家，首先得有水陆两路的畅达，有伸展腾挪的空间。要做到这一点，国家必须统一，统一之后，国家才有生机和活力，黎民百姓才能安居乐业，乐享太平。

走到这一步，做到这一点，最强大的依靠必须是军队，一支强大的军队！

有了如此宏伟的目标，他又怎么会过分在意眼前的胜利呢？

这时，樊爱能、何徽带着他们的逃兵大大咧咧地回来了。

他们这些人，几乎害得后周全军溃败，临阵脱逃这样的恶劣行为，他们却根本没当回事。这是因为，他们根本不怕，不在乎！

他们是柴荣的亲军护卫，直接听命于皇帝。从石敬瑭、石重贵、刘知远、郭威到柴荣，已经换了五位皇帝了，皇帝不停地在变，但他们不变，一直是禁军，一直当皇帝的亲军护卫。

因为，每个皇帝都需要保护自己的人。一个皇帝坐上了另一个皇帝的位子，接了他的盘子，他手下的军队，也是一股脑儿地全盘接过来。谁会笨到不要军队呢？军队就是你的胆，你的力量！有了军队，腰粗胆壮，没有军队，鸟都不会理你。

在军队混得久的人，都知道自己是香饽饽，没有哪个皇帝不看重自己，更没有哪个皇帝敢不把军队当一回事。

所以，真正敢牛气哄哄目中无人的不是皇帝，而是提刀吃皇粮的这些人，不论胜败，不论国家存亡，都不耽误他们吃香的喝辣的。

骄兵悍将，就是这么来的！

他们没想到，柴荣真的要治他们的罪。

但樊爱能、何徽毕竟是分管禁军马军、步军的重要将领，资历颇深，对他们的处置牵涉极大，柴荣一时还真难以下决心。但如此恶劣的事件不处理，又何以治军？

大开杀戒前，柴荣还有点拿不定主意，心里着急，大白天躺在中军帐里。张永德在一旁随侍，柴荣就问张永德："樊爱能、何徽以前立过什么大功吗？"张永德说："他们从未立过大功，不过是混的年头长，混出了势力和影响。这种人不处置，军法立不起来，就算有百万虎狼之师，也用不起来啊！"

柴荣听了，一下从床上起来，把枕头往地上一扔，说："你说得太对了！"

柴荣当即下令，把樊爱能、何徽及他们所部军主、厢主以上的军官，全部抓起来，一下子抓了七十多人，齐刷刷跪在地上。柴荣站在高台上，说："你们这些人，都经历多朝，不是不能打仗，临阵而逃，不过是想把我作为奇货，卖给刘崇！国家白养了你们！我想对你们留情，国法、军法却不许我留情！你们准备受死吧，这样的下场，是你们应得的！"

这七十多个见多识广的军官，原以为被皇帝训斥一通，最多打几军棍，意思意思就过去了，法不责众嘛！谁知这次竟然会被砍头，一个个吓得魂飞魄散，鬼哭狼嚎，磕头如捣蒜。

柴荣看也不看，掉头就走。

樊爱能、何徽等七十多名军官，全做了刀下之鬼，三军震慑。从此，后周的规矩是，当兵吃粮可以，混日子不行。你敲破我的锅，我就要你的命！

接着，柴荣大赏三军，将缴获的财宝全部赏赐给士兵，不足部分，从国库大量调划。士卒们先是被樊爱能、何徽一吓，紧接着又是一喜：为皇帝效命，值啊！

接着奖励各级将校：李重进兼忠武军节度使，向训兼义成军节度使，张永德兼武信军节度使，史彦超为镇国军节度使，升马仁瑀为控鹤弓箭直指挥使，马全义为散员指挥使。另有数十名有功的将校得到升迁，有不少普通士兵因作战勇猛被擢升为军主、厢主。

张永德向柴荣郑重推荐赵匡胤："皇帝临危，他振臂一呼，舍生忘死，奋勇向前，可谓大忠；作为一名宿卫将，他提出分兵进击的主张，是越级的，但当时战场一片混乱，赵匡胤能冷静观察战场态势，提出非常正确的策略，可谓大智；他一马当先猛冲猛打，左臂中箭仍一往直前，可谓大勇。如此大忠、大智、大勇之人，堪作大用！"柴荣深以为然，连升三级，擢升赵匡胤为殿前都虞候，领严州刺史。

从此，赵匡胤从禁军中级军官，进入高级军官的行业。而他在军队中的威望，也得到极大提升。

更重要的，是赢得了柴荣对他能力和忠诚的绝对信任。

高平之战，是赵匡胤的立身之战，他的人生，由此进入新阶段。

锻造精兵

趁着北汉被打瘸，柴荣率军挺进，一路势如破竹，很快直逼北汉都城并州。

北汉如果被灭，契丹就少了个财源供给地，同时失去了与中原的缓冲地带，于是契丹出兵救援北汉。柴荣命张永德和符彦卿、史彦超进军忻口，抵御契丹大军。

并州是大城，方圆四十里，后周军把它围了个水泄不通，轮番攻打。但并州城池历来号称金池，修建得非常坚固，加上北汉军拼死守御，一时久攻不下。

赵匡胤率兵猛攻南门。他一马当先，身先士卒，冲到城门口，一把火把城门烧了。北汉军不要命地反扑，赵匡胤中箭退出，跟着他冲进去的兵马也被北汉军驱赶出来。赵匡胤裹好伤口，带领部下正要再攻，被柴荣喊住了。

眼看围攻了两个来月，数万兵马的粮秣供应成为最棘手的问题，尽管冯道、范质等大臣在国内日夜不停地筹措，但一时间很难调得充裕。后周兵因粮草不继，直接就地征粮，说白了就是开始抢掠，引起当地百姓的强烈反感。喂饱肚皮当然也是大事，柴荣一时竟也无从着手。

同时，由于气候和环境的差异，后周军队中竟然发生了瘟疫。

张永德、符彦卿、史彦超在忻口的情况也很糟，多次交锋，后周军都没占到便宜，大将史彦超战死。

面对不利形势，柴荣下令班师。

后撤回中原时，柴荣下令，带回了十几万北汉的百姓。这对地域狭小的北汉可不是小事，一下少了这么多人，物产受限不说，军队人员的补充也有问题了。

从此，北汉长期陷入颓势。

北汉主刘崇经此重挫，连吓带惊地，勉强撑到年底，一命呜呼了。

班师回朝，柴荣马上着手整治军队。但他整治的不是全国的军队，而是自己手里的禁军。

禁军是皇帝可以直接调度的军队，那些在各地割据的藩镇军队，听命于节度使，皇帝往往鞭长莫及。所以，柴荣要把禁军牢牢握在自己手中，并且要发展壮大，让它成为天底下最强的兵马。

赵匡胤是禁军中的殿前都虞候。禁军分殿前司和侍卫亲军司两部分，即使在殿前司，职位比赵匡胤高的也有几人，但柴荣毫不犹豫地把改造禁军的任务交给了赵匡胤。

赵匡胤出的第一个重拳，是改革禁军的职业化制度。很多人十几岁就进入禁军，一待就是三四十年，胡子白了，眼睛花了，还是个士卒或低级军官，但仍待着不肯挪窝儿。谁让天底下的军队中，禁军的待遇是最好的呢？要是遇上了打仗，打胜了皇帝有奖赏，而且还不少！万一打败了，溃逃路上经过的村子或乡镇都像水洗过一样，为何？全让这些逃兵给抢了！万一败得一塌糊涂把皇帝都败死了，换了别人当皇帝，也不耽误他继续做禁军！

赵匡胤第一步，便是把禁军中的老弱病残兵给清理出去，光是侍卫亲军司，被赵匡胤清出的差不多有一半。当然，他对这些人并不是一轰了事，他们一辈子在军营，除了打仗不会其他营生，得给他们一些安置费，让他们有个缓冲的时间，学一些谋生的技能。

接下来，赵匡胤向天下招募精壮男丁。别人招兵，大旗一扯，报名的人蜂拥而来，但赵匡胤招兵，那是优中选优，身材、力量、速度、反应、胆量，各方面挑了又挑。最好练过拳脚功夫，没有对付三五个人的能力，根本进不了禁军的门。

其他藩镇节度使手下的兵，如果想来禁军的，只要符合标准，敞开大门欢迎。在京城当禁军，不光人体面，待遇也比地方上高出一倍都不止。结果每个藩镇都来了很多精壮兵丁。但赵匡胤仍嫌不够，他又怂恿皇上向各个藩镇下诏，把藩镇最精壮的兵卒都送到禁军来。刚开始每个藩镇都犹豫观望想敷衍了事，赵匡胤拿着皇上的尚方宝剑就上了路，亲自到各个藩镇直接挑人！

这个一箭双雕的措施，连柴荣都在一旁暗自点头称是。从藩镇抽调精兵，不仅壮大了禁军，同时也削弱了各个节度使军队的实力，谁再敢不听号令，谁还敢对皇位有想法，先掂量一下自己手下的军队还有几斤几两吧！

赵匡胤精中选精，先把素质最好的士卒安置在殿前司，然后是侍卫亲军司。殿前司人马少，左右两厢马步军，无不以一当十，以一当百，合起来就是所向披靡的虎狼之师。

接着是战马。中原不产战马，契丹多良驹，但不会卖给中原。国家之间不能买卖，民间可以交易呀。草原游牧民族，多以膻腥油腻之物为食，中原出产的茶叶是去油腻最好的东西，于是民间兴起以茶易马，即使仗打得沸反盈天，茶马交易也没停止过。柴荣还将交易延伸到西北，一直到大宛，买到比契丹马更好的良马。

军服也很讲究，但不再追求华丽，按功能不同，以颜色区分。所有禁军，不论步骑，都配甲胄，精骑配重甲，骑射兵为了拥有更好的机动性，配轻甲，除硬弓外，还配弓弩，以求射程更远。步军中，除了固有队列外，还有专破马队的钩镰枪队、藤牌刀队，箭队的兵器除了硬弓、硬弩，还有射得更远、能破精骑重甲的弩床。

刀枪器械、行卧起居，都是优中选优，在全国挑最好的，不限量供给。

官兵同食，就高，不得就低。除节假日外，食宿均在军营。不得在营外酗酒滋事，违者严惩。

赵匡胤讲话："全天下的兵，就数你们吃得最好，穿得最好，用得最好。为什么？不是为了把你们养得脑满肠肥，更不是要你们花天酒地！是要把你们锻造成天下最好的士卒，最强的军队！你们，就是皇上的拳头，皇上的刀枪！皇上要靠你们，荡平四海，再造一个海晏河清、国泰民安的大国！以后，你们想升官的，会升得很快，因为，现在我们只有几万人，但接下来，很快就会是十几万、二十几万。多出来的部队，谁来带？你们中的人出来带！但是，要凭军功、凭勇力、凭谋略，才能升得快，升大官，给自己配荣华，让家人享富贵！但是，如果有人不守规矩，不讲道理，胡作非为，那他就是想死，死得也会很快！我就问你们，这样的军队，你们要不要待，想不想干？"

三军将士齐声高喊："干！"

赵匡胤说："好！从现在开始，每天、每个人，都好好地练，每天出几身汗，每月脱一层皮！练出一支天下无敌的铁军来！"

"记住了！军队不是游侠，一人独骑就可以闯江湖！军队闯的不是江湖，是天下！你们每个人，都有单挑三五人的勇力，但这还不够！军队要讲阵形，讲呼应，讲协同，讲层次，讲轮动！还要讲诡计，讲诈术！独木不成林，三人成老虎！攻是烈火狂潮，守是泰山雄关！我们的兵法、阵形，当然有套路，但绝对不是一个套路，我们会有三个套路、五个套路，套中还有套，让对手摸不着头脑，搞不清底细，这样才能攻无不克，战无不胜！”

赵匡胤这一番训示，像一碗浓浓的鸡汤，让全军将士喝得酣畅淋漓，大呼痛快。在接下来严格的训练中，个个勇猛争先，人人不甘落后。

这时的“义社十兄弟”，个个是禁军中的将领，赵匡胤将他们安插在不同的部门，就像插入地底的木桩，有朝一日，便是架房筑屋的基础。

平边策

军队在大改，其他方面柴荣也没闲着。

柴荣早年做过小买卖，对底层百姓的生活非常了解，对底层官员的腐败，也非常清楚。所以，他治军之外的第二件事，便是整顿吏治。他处理起贪官污吏来，毫不手软。孟汉卿是主持税收的官员，因私自加派税额，被柴荣处死。经办的官员说，孟汉卿罪不至死，柴荣当然知道他罪不至死，但要让他的死威慑众官。对前朝不合理的刑法，他力主修删，修订后让大臣们反复讨论，最终形成《大周刑统》，建立了一套较为完善的法律制度。

为了招到有真才实学的人才，他空前重视科考，亲自出题，亲自主持殿试。此外，他要求每位朝臣都得向朝廷推荐人才，可以是自己的直系亲属，但两年内要对推荐的人才进行考评，如果德行、能力、政绩不及格，特别是出现贪渎情形，推荐人就得连坐，吃不了一起兜着走。

为了让国家休养生息，恢复元气，柴荣均定田赋，奖励农耕，恢复漕运，兴修水利。

这些年的战乱，让老百姓活得很不安稳，个人的命运跟国家的动乱裹在一块儿，让人常有生不如死的恐惧。很多人因此出家做了和尚，因为进寺庙不仅能躲避战乱，还能得到免徭役、免兵役等各种特权，所以出家人特别多。本来就穷得吃了上顿没下顿，全国各地还广修寺庙，全国供养的僧人近百万。因为僧尼太多，服兵役的人数严重不足，劳动力更是捉襟见肘。因为各地都大塑佛像，导致铸钱的铜都不够，影响货币流通。

这还了得！柴荣大笔一挥：从下令之日开始，国内各道、州、府、县、镇、村、坊等处寺院，除少数有“敕额”（特许证）者准予继续保留外，其余各处一律停废，勒令僧尼全部还俗。今后不论城镇乡村，还是山林名胜之处，均不准新建寺院；王公贵戚、地方官吏亦不得再奏请建造寺院和开坛设戒、剃度僧尼。所有要求出家者必须经过严格考评，通过后才能在指定的少数几家寺院剃度出家。

一年下来，全国停废寺院三万多家，同时还废除了寺院田产免交赋税的特权，六万多名僧尼还俗，转事农桑。

为了解决铸佛造成的钱荒，柴荣又果断下诏，毁佛铸钱。除朝廷法物（庙堂乐器、仪仗、天子车驾等）、军器及铜镜，寺观内的钟、钹、相轮、铃铎外，其他各类铜器和佛像，限于五十日之内毁废，送交当地官府铸钱，官府根据所交斤两付钱。如有隐藏逾期不交者，按照斤两多少来判刑，五斤以上者处以死刑。

这些惊世骇俗的举措，震惊了天下。有人以佛教的因果来劝解柴荣，但柴荣说："佛主张施善于民，做善事即是奉佛。铜像如何是佛？况且佛以利民为先，即使手眼也愿施舍众人，假如朕的身体可救济百姓，朕也不会吝啬。"这番话让劝说的人无话可说。

这样一来，国家的财力和人力都得到显著充实。

开封作为京城已经好多年，但一直残破拥挤，最宽的马路都不过五尺，皇帝的车辇都难以通过。柴荣决定改建京城开封。

但改建难度极大，再破的房舍，老百姓也认为是天子脚下，当成了宝，谁也不肯挪窝儿。撤换了好几任管拆迁的官员，都没效果。柴荣火了，既然拆不动，何必硬拆、强拆！跟老百姓要什么威风？

他下令疏浚黄河、运河和汴河，广设桥梁、码头，把旧城四周扩展，将城区面积扩大四倍，建造亭台楼阁，广植花木，营造水系景观，把环境搞得漂漂亮亮的，街道纵横穿插，远比旧城宽敞，同时建造好配套设施，预留居住用地。然后向旧城居民发布公告：新城居宅用地，先到先得。旧城百姓一看，新城漂亮、大气，还舒适，纷纷搬离旧城，迁往新城。旧城改造难题迎刃而解。

这次改造，成就了开封数百年繁华，也成就了后来的传世画卷《清明上河图》。

但柴荣的重心，还是在扫平四方，平定天下。可是，大国出兵，出的都是钱。上次围攻并州，如果不是粮草不继，早就拿下，肯定一举灭了北汉。可粮草就是钱，扫平四方，得多少钱粮啊！

这么大的问题，他不想一个人直接定夺，他要听听大家的主意。

于是，他出了两道考题，一道叫《为君难为臣不易论》，另一道叫《平边策》，直接点了二十位大臣的名，要他们做好了交上来！

不几日大臣们一一交卷，柴荣一一详看。《为君难为臣不易论》个个写得花团锦簇，滴水不漏，面面俱到，完全挑不出毛病。当然，全是陈词滥调，连篇套话。

《平边策》问题就多了，虽然一篇篇也都落在套话上，但跟那个“策”字，完全是驴唇对不上马嘴，套话又变成了空话。看上去字字珠玑，却又一无是处。柴荣劳神费劲地看了一大堆的废话。

还好，有一篇文章从这群“土鸡”里蹦出来，以凤凰的姿态，大展五彩羽屏，金光闪耀。

这篇文章说，打仗要花很多钱，仅靠百姓积累，不仅劳民，而且收效较慢，费时很长，在这个时间段，敌人也会获得喘息之机，得以壮大。最好的办法，是先攻弱小且富庶的地区，攻下这些地区，将这些地区的财富用来攻击较强的敌人，那就水到渠成，指日可待。现在，天底下最富庶的地区，一是南唐，二是吴越，三是后蜀，拿下这些地方，国家的物力、财力肯定大幅提升，什么北汉、契丹，都不在话下，陛下一定能一举扫平！

这篇文章真是说到柴荣的心坎上了。柴荣一口气看了三遍，还觉得不过瘾，急忙招来文章的作者，刑部郎中王朴。

他要王朴免了君臣礼节，面对面直接促膝而谈，一谈就是三个时辰，直到雄鸡报晓，东方既白。柴荣心里这个畅快啊！王朴对国家统一的整个战略部署，早已了然于胸，甚至连很多细节都构想完备，而且与柴荣的构想，大多不谋而合。

柴荣问王朴："你这么有才干的一个人，怎么才在刑部当个从五品的小官呀？"

王朴说："臣性格耿直，跟那些当官的合不来。"

柴荣大手一挥："你以后用不着跟他们合得来！"

次日早朝时，柴荣颁旨天下，擢升王朴为左散骑常侍，充端明殿学士、左谏议大夫、开封知府，位次在枢密使之下、翰林学士之上。每次商议国家大事的时候，柴荣的身边必然少不了王朴，王朴才是真正的后周第一重臣。

第五章　英雄盖世

取四州、征南唐

柴荣一系列大刀阔斧的改革，很快便见了成效。国家各个方面都呈现出兴旺的景象。但雄心勃勃的柴荣的目标远不止这些。他的三十年战略目标是：十年扫平天下，又十年养百姓，再十年达到大治，天下太平。

王朴的《平边策》让他充满自信，先南后北、先易后难的策略，也准备就绪。但他第一个目标，却不是最富庶、最好打的南唐，而是后蜀的秦、凤、成、阶四州。

公元955年三月，后蜀辖地秦州部分百姓逃到汴梁，上书柴荣，请求后周西征。柴荣欣然应允。

四月，柴荣派向训、王景率军西征后蜀，夺取后蜀的秦、凤、成、阶四州。刚开始倒也顺利，小胜不断，但没有决定性战果，一直打到七月，仍陷在僵局中。粮草供应又一次成为大问题，很多将领请求退兵。这时，柴荣指派赵匡胤作为特使前往秦州前线视察战况。

赵匡胤出去走了一圈回来，对柴荣说：“取秦、凤、成、阶四州，易如反掌！”

在战况陷入僵局、大多数将士认为应该退兵的情况下，柴荣派赵匡胤去秦州前线视察，信任的不仅是赵匡胤的忠诚，更是他的军事才能。但赵匡胤的使命完成得比柴荣要求的更出色，他深刻理解了柴荣出兵后蜀谋取秦、凤、成、阶四州的战略意图。

秦州，即今甘肃天水，是秦地、蜀地与中原的交汇处，扼守西北与中原通达的咽喉要地；凤州，即今陕西凤县；成州，即今甘肃成县一带；阶州，即今甘肃陇南武都区一带。后蜀趁这些年中原战乱，出兵占据了这片区域，将战略空间从封闭的巴蜀一下伸展开来，如果后周能占领这个区域，往西可直达后蜀，往西北更能连接古丝绸之路，获得非常重要的军马来源。西域一带多产名马，大宛出产的汗血宝马，更是马中至宝。这对立志扫平四方的后周军队来说实在是太重要了。

此外，柴荣还有另一个巧妙的心思。他下一步的攻击目标是南唐，马步军，柴荣有绝对信心，南唐不是对手，但南唐江河众多，水网纵横，水军很强，而后周地处中原，水军向来是弱项。而秦、凤、成、阶等四州水网也很丰富，凤州守将王环是练水军、擅水战的名将，如果能让王环为后周所用，其战略意义就太重要了。

赵匡胤认识到柴荣攻打秦、凤、成、阶四州的深刻用心后，在他心里，那就是有条件要打，没有条件，创造条件也要打！

他观察发现，后蜀精锐尽出，决心死保秦、凤、成、阶四州。同时，联络契丹、北汉和南唐，邀他们出兵干扰，分散后周兵力。这策略看上去很有针对性，想抓住后周的软肋。但赵匡胤细细察看和分析后，认为后蜀也有粮草供应困难的大问题，因为地形阻隔，后蜀的后勤供应都要经过剑阁出川，然后送达。只要控制了后蜀的供应线，就是卡住了后蜀军队的咽喉，攻取四州定在指掌之间。

至于契丹、北汉和南唐出兵，因为中原地域广阔，后周有足够的军力相接应，不会影响在秦、凤、成、阶四州用兵。所以，赵匡胤可以拍着胸脯向柴荣说取秦、凤、成、阶四州易如反掌。

他还有一句话留在后面，随时准备向柴荣说："如果别人没胆取四州，让我来！"

赵匡胤的分析真是鞭辟入里、丝丝入扣，句句都说到了柴荣的心里。他二话没说，马上采纳赵匡胤的建议，不撤兵，继续打！

那些嘟囔着想撤兵的将领，皇上命令一下，再没有一个敢说个"不"字，一个个秣马厉兵，准备再战。

赵匡胤虽然失去了立功的机会，但他知道，更多、更大的立功机会在后面。他转头就开始研究南唐了。

两个月后，后周军队向后蜀发起进攻，王景率部击溃蜀军，俘获三百人。

接着，蜀将李廷圭派遣先锋占据马岭寨，又派兵在白涧驻扎，同时分兵前往凤州以北的唐仓镇和黄花谷，切断了后周军的粮道。

没过多久，王景派二千人前往黄花谷，一千人前往唐仓镇，截断了后蜀军的退路。

然后是短兵相接。后周军队分别在黄花谷和唐仓镇与后蜀军遭遇，两军交战，后周军全胜，后蜀军自钦差大臣、染院使王峦以下三千人被俘。秦州主将弃城，逃回成都，留守的观察判官赵玭举城投降。从斜谷赶往秦州的后蜀援兵全部溃退，接着，成州和阶州也被后周攻陷。

一个月后，王景率兵围凤州，分兵到城固镇阻断后蜀援兵。不久，后周军攻克凤州，后蜀威武军节度使王环、监军赵延溥，连同城内五千名后蜀士兵全部被俘。后周成功劝降了王环，得到柴荣一直企望的水军人才，赵延溥绝食而死。

四州丢失，后蜀举国一片恐慌，后蜀皇帝孟昶给柴荣写信求和。可他在信中自称“大蜀皇帝”，柴荣看了，十分生气：“我才是传承有序的正宗皇帝，你竟敢向我自称皇帝，活得不耐烦了吗？”一生气，没有搭理孟昶。

没收到回信的孟昶更紧张了，加紧在全国征兵，在剑门、白帝城驻扎大量兵力防守。吃粮的人一多，随之而来的是后勤补给不足，于是开始铸钱，偏又缺铜，只好大量打造铁钱，强行从百姓手里征收铁器，搞得百姓苦不堪言。富庶的后蜀开始过起紧日子来。

后周完成战略目标，百官进表朝贺，柴荣大悦。

他一边笑着，一边把手指向南唐地图。

南唐绝对是个硬茬。

南唐统领江南富庶之地，土肥水美，鱼米之乡，物产丰富，天下财帛大多积于南唐。数十年来，中原战乱不息，民不聊生，但南唐立国后，基本没大的战事，四境安和，百姓安居，百业兴旺，不论是国力还是民间的财禀，都富甲天下。

南唐地域也很辽阔。最近，它一口气鲸吞了楚国和闽国，整个疆域扩展近一倍，成为十国中疆域最为辽阔的国家，也远胜只统属中原的后周。

它的疆域和财富，都让后周羡慕万分。

南唐中主李璟，爱好文艺，写得一手好诗，文人情怀十足，比较爱激动，特别是被底下的一批文人政客吹捧后，就经常有点晕乎乎，云里雾里摸不着北。再说，国家富、地域广、人口多，财大气粗，也很容易让一个文人豪情迸发，激情满满，竟然想吞并天下，来一个河山一统。

当然，是他李璟的腰杆粗还是柴荣的腰杆壮，这个问题他从来没有想过。但北汉跟后周斗、后蜀与后周斗时，他都没有忘记在后面给柴荣添乱，甚至都想扎刀子。李守贞、慕容彦超叛乱的时候，南唐都有出兵，为他们声援，但后周事情一堆接一堆，当时懒得计较。

李璟没想过，柴荣却一直在想，很快，他要带着自己的千军万马来教李璟学做人。

这时候，后周还发生了一件说小就毫不起眼，说大能大到天的事——

永兴军节度使刘词身患重病，临死前上表朝廷，把跟在自己身边不到一年的从事，一个叫赵普的半吊子文人，着力推荐给朝廷。赵匡胤听说后，见了这个人，一见就觉得这个人怪怪的，不像个文人。他觉得这个人很有趣，就问："怎么才在刘府做从事？科考过吗？"

赵普有气无力地说："考过，考不上。"

赵匡胤"哦"了一声，又问："最近看什么书呀？"

赵普扭捏好半天，才从袖子里掏出一本《论语》来。

赵匡胤很早就听先生讲过《论语》，来了兴趣，又问赵普："这书好在哪里？"

赵普懒得多说，敲了敲自己脑袋："没啥好说的，书得装在脑子里，不要挂在嘴巴上，会跑掉的。"

赵匡胤点点头，突然想考一考这个不肯与自己多说的书呆子，就问："天底下何物最大？"

赵普先是一愣，接着想了想，说："道理最大！"

赵匡胤大手猛地一拍："太对了！你说我心坎里去啦！"

从此，赵普这个书呆子就没离开过赵匡胤的视线。但要等到很久之后，他才从心底里明白，赵普根本不是他想的那种书呆子，而是呆若木鸡的大智者。

清流关大战

大军出征在即，这次的人马与刚拿下秦、凤、成、阶四州的不同，是赵匡胤一手训练出来的禁军。是骡子是马，该拉出来遛遛了！这让赵匡胤好不亢奋，整天忙得不停。

这天，他三弟赵匡义来到兵营，要求跟着他在军队中干。

赵匡义比赵匡胤小十一岁，这一年，他才是个十六七岁的半大孩子，未及弱冠，赵匡胤想让他在家好好读书，他却坚持要跟着二哥在军队中求出身。

后周军布置停当，便向南唐进发。但开局便不利，李谷率领的部队围攻寿州无果，反倒被南唐刘彦贞的佯动所吓，连连后撤。柴荣很生气，命李重进代替李谷的职务。李重进在正阳大破南唐军队，阵斩大将刘彦贞，生擒咸师朗等人，南唐军阵亡上万人，后周军缴获甚多。

南唐因此陷入恐慌，李璟命大将皇甫晖、姚凤统率十万兵马，退守清流关和滁州，依据天险，阻挡后周军队。

后周军围住寿州城，柴荣调来宋州、亳州、陈州、颍州、徐州、宿州、许州、蔡州等地的几十万丁夫攻城，昼夜不息。但此时上万名南唐军在淮河一带活动，并驻扎在涂山脚下，对后周攻城部队是个威胁，柴荣命赵匡胤消灭这支南唐军队。

赵匡胤派一百余名骑兵前往南唐军队营地，装成斥候假模假样地侦察。南唐军发现后，迅速出击。这支小部队假装被击退，赶紧逃跑。南唐大军追击，在涡口中了赵匡胤设下的埋伏，南唐军大败，都监何延锡等人战死，五十余艘战舰被后周军俘获。

但寿州仍然久攻不下，柴荣又命赵匡胤直接攻打清流关和滁州。

滁州位置险要，距南唐的都城金陵不过百里之遥，距南唐东都扬州，也不到两百里，可谓深入南唐核心。清流关是距滁州十多里的一座山寨，依山而建，地势险要，易守难攻。清流关是通往南唐的必经之路，号称金陵锁钥。守住清流关，可说是守住了南唐的大门。皇甫晖、姚凤镇守滁州和清流关的兵马，超过十万。

赵匡胤率领二万精骑，从涡口出发，马裹足、兵衔枚，一夜急行军，全军在天亮前不声不响地来到清流关，神不知鬼不觉地埋伏起来。天一亮，清流关的守兵照常放下吊桥，打开关门，一小队兵马出关巡查。就在此时，赵匡胤一声令下，埋伏在晨雾中的后周军风一样冲过吊桥，冲入关门，一举夺下清流关。这时，正在屋内睡觉的皇甫晖听到外面阵阵喧哗，知道情况不妙，连忙起身穿衣备马，只带着几名亲兵从后门逃出清流关，直奔滁州。

赵匡胤攻下清流关的过程，历史上有些笔记另有说法。据说赵匡胤久攻清流关不克，在邻近村子访到一位姓赵的老者（也有的说是赵普）。老者指示他说有一条羊肠小道，直插清流关背后。赵匡胤顺着这条小路插到清流关背后，奇袭拿下清流关。

赵匡胤拿下清流关后，又一鼓作气，带领人马直扑滁州，眨眼间，竟然跨过护城河，抵达滁州城门，滁州城内一片慌乱。这时，皇甫晖登上城楼，朝城下的赵匡胤喊道："将军神勇，在下佩服！但你我各为其主，要取滁州，堂堂正正地摆开阵势，贵军若胜，直接取城便是！"

赵匡胤笑着答应，率军后退，让皇甫晖率军摆开阵势。南唐军阵势刚刚摆好，赵匡胤便抱着马脖子，单人独骑冲入南唐军阵中，边冲边喊："我的仇敌，只有皇甫晖一人！"眨眼之间，便到了皇甫晖马前，抽出利剑，一剑砍在皇甫晖头上，砍破了皇甫晖头上的盔甲，深入头骨。奈何皇甫晖南唐一代名将，竟然毫无招架之力，重伤倒地。

紧接着，姚凤拨马出战，又被赵匡胤一剑伤于马下。南唐两员大将，都被赵匡胤生擒。在伤亡极小的情况下，后周军夺取了清流关和滁州。

赵匡胤将皇甫晖和姚凤送往柴荣大营。皇甫晖受伤很重，只能躺在担架上，见了柴荣，由衷地说："不是我们不忠，是后周军太强大！我也跟契丹军队打过仗，别人都说契丹兵厉害，在我看来，契丹兵与你们相比，大大不如！"

接着，他称赞赵匡胤神勇，如天兵神将。他说："后周有赵匡胤带领如此精兵，天下无敌！以后天下都是你们的了！"

这番话让柴荣欣喜又感动，他欣赏皇甫晖的忠心，便放了皇甫晖。但皇甫晖伤势过重，不两日还是死了。

赵匡胤夺下滁州后，马上发布安民告示，迅速恢复秩序。这天夜半时分，侍卫亲军司马军都指挥使赵弘殷率军来到滁州城下，要求入城休息。按规定半夜没特殊情况不能开门，但来人是禁军将领，又是赵匡胤的父亲，守城兵不敢做主，连忙向赵匡胤汇报。赵匡胤来到城楼上，对城外的父亲说："父子虽是至亲，但是城门开关，却是国家的事情。城门晚上开不得！"就这样，他让父亲赵弘殷一直在城外待到天亮，才放他进城。

宰相范质推荐赵普来到滁州，任军事判官。赵匡胤见了赵普，很是高兴，与赵普一起审查南唐留下的案牍，发现滁州的监牢里关押着一百多个盗匪。赵普觉得很奇怪，说："这地方怎么会有这么多盗匪？"

赵匡胤说："你再审审看。"

结果，赵普一审，不过半天时间，就审出其中有七十多个是冤枉的。赵匡胤把这些受冤的人一一释放，对赵普的能力又多一分认识。

英雄盖世

赵匡胤不仅是柴荣麾下的第一干将，也是身先士卒的第一勇将。他要求士卒做到的，自己第一个先做到。他要求战场上士卒不怯战，勇往直前，自己就是三军中最不怕死，总是第一个冲在最前面的人。

这时的赵匡胤，最佩服的人是柴荣，最大的心愿是辅佐柴荣扫平四海、统一天下，进而实现自己匡扶天下、拯救黎民的夙愿。

后周军连克数州，唯寿州久攻不克。

四月，面对赵匡胤的强压，南唐天长制置使耿谦率部投降，赵匡胤缴获军粮二十余万石，使粮草补给吃紧的后周大大缓解了压力。

赵匡胤花了近一年时间苦练出的精兵，在战场上大放异彩。他在战场上对军队的要求和控制，比平时训练时更加严格。在一次与南唐军的战斗中，赵匡胤骑马在战阵中穿梭，看到在战斗中不肯拼命的士兵，他就用手里的剑直接挑破这些偷奸耍滑的士兵的皮帽子。战后，虽然后周军大获全胜，赵匡胤还是把军队召集起来，把被剑刺破皮帽的士兵全部抓起来，斩首示众。然后大赏三军，激励士气。

从此，赵匡胤手下的兵再没一个敢偷奸耍滑，真正做到有令必行，有禁必止。

扬州号称南唐东都，南唐帝王陵寝也在扬州，但在后周军队重压下，南唐拙于应对，竟然无力防守扬州，柴荣便派韩令坤率兵袭击扬州，同时派人守护南唐帝王陵寝，下令任何人不得袭扰。韩令坤接着攻打南唐重镇泰州，很快便攻克。

李璟派人前往辽国寻求救兵，但装着求救信件的蜡丸被后周军队截获。他又派大臣向柴荣奉表称臣，请求后周退兵，同时献上御服及金器一千两、银器五千两、缯锦二千匹、犒军牛五百头、酒二千斛。但柴荣并不买账，还对使者说："你们和我们就隔了一条河，但从来没有好好相处过，你们总是不断惹事，找我们的麻烦，甚至跑海路去联络契丹，礼义何在？回去告诉你们主公，让他亲自来见我，再拜谢罪，啥事都没有。否则我要打下金陵城，到时后悔就晚了。"

南唐丢失扬州后，李璟感到很心痛，又派齐王李景达率重兵准备夺回来。守扬州的韩令坤是赵匡胤的发小，两人一起在洛阳夹马营玩泥巴长大。面对汹涌而来的南唐大军，他觉得自己兵力单薄，心里没底，准备退兵。柴荣知道了很不高兴，令赵匡胤率二千兵马去接应。赵匡胤把军队驻扎在扬州附近的六合，放出话说："后周的士兵只要是从扬州过来的，不论是谁，砍了他的腿！"这么一来，韩令坤只得横下一条心死守扬州。李景达从瓜州过长江，在距离六合二十多里地的位置扎营。各位将领都准备出击，赵匡胤却制止他们，说："这时对方惧怕我们，还不知道我们有多少人，这时候出击反倒会暴露我们人数大大少于他们，会很被动，等他们打过来再说。"几天后，南唐出兵进攻六合，赵匡胤率领手下的两千兵马反击，阵斩南唐军五千余人，其余上万人的部队被击溃，争着逃过长江，为了抢着上船而落水淹死的人不计其数。南唐军主力自此所剩无几。

柴荣非常满意，赵匡胤从六合班师，柴荣便擢升他为殿前都指挥使，不久又加授定国军节度使。赵匡胤请求让赵普担任自己的节度推官，柴荣欣然应允，赵普正式成为赵匡胤的核心幕僚，不久即担任掌书记，成为赵匡胤的幕僚之首。

殿前都指挥使是仅次于殿前都点检的要职，相当于禁军副帅。而节度使，是封疆大吏，是掌控一个地方军政全权的地方最高长官。军人中，能加衔“节度使”的，即使不去实地履职，也是军人所能获得的最高职位了。由此可见柴荣对赵匡胤的倚仗。

这时，赵匡胤刚满二十九岁。

在攻打南唐的战役中，柴荣前后三次亲征，每次都有赵匡胤紧随，发挥的作用也一次比一次大。

显德四年（957）春，赵匡胤跟随柴荣出征寿春。他乘坐皮船在寿春城护城河上侦察情况，城上的南唐守兵用弩箭拦截他。牙将张琼站在赵匡胤前面，用盾牌替他挡箭，被箭射中了大腿，痛得昏了过去。醒来后拔箭，但箭扎在骨头里，拔不出来。张琼自己喝下一碗酒，让人砸烂骨头，取出箭头，虽然血流如注，仍然神色自若。跟随赵匡胤出生入死的军人，在一次接一次的硬仗中，变得更加强大。而这种对赵匡胤舍生忘死的忠诚，就像赵匡胤对柴荣的忠诚一样，是一种重于泰山的情义，也有一种共同肩负使命的神圣感。

面对南唐沿淮河扎起的连珠寨，前面的后周军队一直想不出更好的办法，现在，又轮到赵匡胤来啃这块硬骨头了。他率军沿护城河到城下，为了攻城时便利轻捷，都不带盔甲，面对敌军从城上射出的弩箭，多以盾牌防护，到了攻击点后，再持刀盾攻城。他们用这种办法连连克敌，破了南唐的连珠寨，然后一鼓作气，将久攻不克的寿州趁势拿下。

班师后，柴荣拜赵匡胤为义成军节度使、检校太保，仍任殿前都指挥使。

冬天，赵匡胤又跟柴荣征伐濠州、泗州，充当前锋。

此时，南唐在十八里滩扎寨，阵势很大。兵卒怎么过河是个问题，而且后周的水军、战舰都不是强项。柴荣跟手下商议老半天，决定用骆驼摆渡军队。正要发布命令，那边赵匡胤已经一马当先闪电般地冲下了河。他手下的骑兵像听到命令似的，紧跟在他的身后，眨眼工夫就到了河对岸，然后像一股旋风，直扑南唐营寨。猝不及防的南唐军吃不住这一顿猛攻，很快就垮了。赵匡胤不仅占领了营寨，还缴获了大量的南唐战船。

柴荣又惊又喜，当即命令，用刚刚缴获的战船顺流而下，迅速抵达泗州。南唐的泗州守军没想到后周军来得这么快，又是一个冷不防，让赵匡胤三下五除二就给搞定了。

兵贵神速的兵法，真的让赵匡胤用了个透。南唐军队在清口驻扎，赵匡胤跟柴荣两翼分兵，沿淮河向东，连夜追到山阳，俘获南唐保义军节度使陈承昭，继而攻下楚州。紧接着，赵匡胤又乘胜进军，在迎銮江口打败南唐军，直抵淮河南岸，烧毁南唐军营寨，又在瓜步大败南唐军，淮南最终平定。

面对咄咄逼人的后周，南唐中主李璟不仅怕柴荣，更怕出手必胜、一击必中的赵匡胤。面对声名赫赫的赵匡胤，他知道将威主疑的道理，就想使一个坏，偷偷派使臣送给赵匡胤一封信，还附赠了三千两银子。赵匡胤收到后，直接把李璟的信送给柴荣，将三千两银子全部上交，南唐的离间计失败。

柴荣每攻下一座城池，就马上废除南唐实施的苛捐杂税，大获民心，当地百姓争着拿牛羊和美酒劳军。

经过长达三年的征战，南唐在长江以北的地域，只剩下庐州、舒州、蕲州和黄州。

在缴获南唐数量庞大的战船、俘虏众多的南唐水军后，后周水军实力一下提升起来。经过柴荣的运筹，后周水军击败南唐水军，在长江上通行无阻。这让李璟大为惊恐，生怕柴荣哪天派兵过江，抵达江南，把金陵也给一锅端了。万般无奈之下，李璟向柴荣奉表求饶，自称南唐国主，请求割让长江以北剩下的四个州，每年贡献数十万财物。

柴荣达到战略目标，同意了李璟的请求。后周攻南唐之战至此，得到了南唐在长江以北的十四个州、六十个县，不仅得到了广阔的地域和众多的人口，还缴获了大量的钱财和战略物资，更增加了进行统一战争的资源储备。

在征伐南唐的战争中，赵匡胤的“义社十兄弟”也屡建奇功，李继勋以军功获封河阳三城节度使，王审琦升任殿前都虞候，身居要职。其他各人，也都有不小的擢升，在后周禁军中都手握重兵，分别占据重要位置。

赵家人

赵匡胤在禁军中战功卓著，声望日隆，他的父亲赵弘殷作为禁军老将，同样有不凡的表现。郭威平三镇之乱时，赵弘殷率军征伐王景崇，适逢后蜀军来救王景崇，两军在陈仓交战。刚开始，赵弘殷就被后蜀军的箭射中左眼，好一个赵弘殷，中箭后丝毫不后退，更加奋勇，将后蜀军打得落花流水。后来，他因功累迁禁军第一铁骑军都指挥使，后改任右厢都指挥使，遥领岳州防御使，担任了禁军高级职位。在跟随柴荣征讨南唐的战斗中，他也是屡立战功。有一次，前军战斗不力，被南唐军追着打，赵弘殷赶到后，一个反冲锋，把南唐军拦腰冲断，迅速击溃，后周军反败为胜。

但征南唐的仗还没打完，赵弘殷就病倒了。那次半夜喊滁州的城门，是他因病从战场撤回时经过滁州，想进城休息。不明就里的赵匡胤严守制度，让自己的爹带病在城外待了一晚上，赵弘殷次日一进城便倒下了。后来赵匡胤奉命东进增援韩令坤，便把照顾父亲的担子委托给了赵普。赵普照顾得非常尽心尽力，早晚侍奉，从无倦怠。赵弘殷非常感动，因赵普也姓赵，便视之为家人。后来，因为要合力围攻寿州，后周主动放弃滁州，赵弘殷只得抱病登上归程。一路上仍是赵普照料。但赵弘殷病情突然变重，没等到家便死在路上，去世时没有任何家人在身边，只有赵普陪他走完人生最后的时刻。这层特别的关系，使赵普与赵匡胤、赵匡义兄弟的关系更加不同寻常。

赵弘殷去世后，赵匡胤按规定要守制三年，在家为父亲守墓，但战事紧急，不到三个月便被柴荣“夺情”，命他迅速回到战场。

赵弘殷与赵匡胤父子在禁军中双星辉映，荣耀一时。更令人想不到的是，赵弘殷死了，赵家的另一个大人物却如新星般冉冉升起，他就是尚未成年的赵匡义。赵匡义在柴荣伐南唐时跟着赵匡胤随军，虽然没有像普通士兵那样在阵前拼杀，但近三年大大小小的战斗，他几乎一次都没落下，不仅看着自己的兄长一往无前在阵前杀敌，英勇无敌，盖世无双，更看到每次战斗前，赵匡胤都会跟几位幕僚详加研讨，商讨出的对策每每出人意料，出奇制胜。他更加注意到，二哥赵匡胤的“奇”，并非左道旁门，而是奇中有正，他一直是在守正出奇，如果没有过人的智慧和深厚的素养，根本做不到。

赵匡义自幼聪颖过人，赵弘殷培养他时，一开始便与培养赵匡胤区别开来，一直把赵匡义往“文”的路子上带，每到一地，便全力为赵匡义搜求奇书，让赵匡义增长知识和见闻。赵匡义博闻强记，自小就装了一脑子的奇智巧谋。后来，他发现二哥也喜欢看书。有一次，赵匡胤在回汴梁的路上，竟带了六大车东西，有人给柴荣打小报告说是从民间搜刮的财宝。柴荣命人一查，六车竟然全是书籍，便问赵匡胤是何用意。赵匡胤说：“臣负重任，常恐不能承担，所以聚书阅览，欲广见闻、增知识。”这件事对赵匡义的触动不小，他觉得二哥现在努力的方向，正是自己的强项和优势，二哥如此重视读书，说明它一定非常有用。这样，他对读书学习就更加用心了。

赵匡义实在聪明，两三年工夫，他竟然悟出了很多人一辈子也悟不到的大道理，那就是，要想打胜仗，不仅在于用兵，更重要的，是要“驭人”，“驭人”甚至比用兵更重要。用兵得懂“奇”和“诡”，驭人，更得“奇”和“诡”。他很佩服二哥盖世英雄的豪情和义气，那种浑身闪耀金光的大丈夫气概是他的立身之道，也是他打仗用兵时“守正出奇”的根基所在。这一点赵匡义是无论如何也做不到的。但是，他虽做不到二哥的守正出奇，却可以有自己的“奇中生奇”，如同文章高手，妙笔生花，就算不能写出千古奇文，也足以花团锦簇，令人喝彩和膜拜。

他知道现在的自己太过年轻，无权无势，人微言轻，更知道自己不可能像二哥那样英雄盖世，统率千军万马，但他可以把二哥现在不能做、不肯做的事默默地替他做了。他可以当二哥身后的影子，二哥的天越大，他自己的世界自然也就越宏阔。

就这样，他在二十不到的年纪，就确定了自己一生的目标。

所以，二哥的资源，他尽量化为自己的资源；二哥的朋友，他当然会以小弟弟的身份，化为自己的朋友。

很快，赵匡胤那一帮“义社十兄弟”，一个个都成了赵匡义的兄弟，这些人与赵匡义的交情，甚至比赵匡胤还铁。因为，跟赵匡胤可以喝大酒、吃大肉、纵情大笑，但是，不可以跟赵匡胤咬耳朵，说小话。赵匡义则完全不同，别人身上的一些小嗜好、小毛病、小缺点，在他跟前，都是可以尽情发挥的优点。小开心、小快活，虽然与那种豪情磊落的大痛快不一样，但也有说不出的舒服啊！

赵匡胤幕僚中的楚昭辅、王仁瞻、吕馀庆、沈义伦、李处耘、刘熙古等人，后来统统成为赵匡义的哥们儿，而且对赵匡义那叫一个服帖佩服，好像自己的脑袋都是为赵匡义生的。

赵匡义默默串起的这些人，成为赵匡胤毫无知觉，但却越来越强大、任何人都不能忽视的一股力量。

赵匡胤功成名就、权势可炙，赵家人也过上了好日子。虽然这么多年赵匡胤与家人聚少离多，但贺娟从无怨言，一个家在她的操持下井井有条。她生育了三个儿子（赵德秀、赵德昭、赵德林）、两个女儿，个个聪明颖秀，人见人爱。但她却在显德五年（958）因病去世。贺娟的死，让赵匡胤痛断肝肠。因为贺娟，不论同僚和手下在外如何寻花问柳，他都一直持正守心，不为所动，从来不近女色。贺娟的死，生生抽走了他的半条命。后来的岁月中，他一直把贺娟当作最美、最好的女人，永远放在自己心里最重要的位置，直到人生末年，还想着死后要与贺娟同穴。

“点检作天子”

柴荣未等平定南方，便决定收复被辽国占据的燕云十六州。

燕云十六州实在太重要了。它是中原的北大门，被石敬瑭拱手相送后，契丹军凭借地理优势，经常袭扰中原，河北大平原经常被契丹铁骑蹂躏。后周夺取南唐江北之地后，实力大为增强，战争储备和资源供给都充裕起来，暂无后顾之忧。最重要的是辽国发生内乱，人心动摇，军队战斗力大不如前。柴荣决定抓住这个难得的机遇，一举收复燕云十六州。

显德六年（959）三月，柴荣下诏亲征辽国，命侍卫亲军都虞候韩通为陆路都部署，赵匡胤为水路都部署，水陆并进，柴荣乘龙舟沿水路顺流而行。后周战舰如云，旌旗蔽空，首尾相连，绵延数十里。两天后，抵达独流口，再溯流向西，直抵益津关。益津关与瓦桥关、淤口关合称三关，是辽国在幽州正南防线上的三座重要关隘。由于辽国内乱，更由于从来都是辽国从这里出兵抢劫中原，而中原从没有向辽国发起进攻，所以，这些重要关隘毫无准备，被后周军打了个措手不及，后周军一到关前，益津关守将便举城投降。

再往西水路变窄，大船无法前行，柴荣便舍舟登岸，迅速接近瓦桥关。赵匡胤率兵直抵关下，辽守将姚内斌出降。紧接着，辽莫州刺史刘楚信和淤口关守将也遣使来降。此时侍卫亲军都指挥使李重进也赶到瓦桥关，辽瀛洲刺史见退路被切断，也举城投降。这样，三关（益津关、瓦桥关、淤口关）、三州（宁州、莫州、瀛洲）共十七县，全被后周收复。久被契丹欺凌的百姓，箪食壶浆，以迎王师。

就在后周准备与辽国在幽州展开决战的关键时刻，柴荣却由于多年积劳成疾，突然病倒，病得很重，不得不放弃收复燕云十六州的计划，回到汴梁。

在征伐辽国的路上，柴荣每天都要批阅许多文书奏章。有一天，他打开夹在奏章里的一只皮囊，里面没有文书，只有一块长木牌，上书"点检作天子"五个大字。柴荣见了，浑身一激灵，这几年一直埋着的心病，猛一下被击中了。但他未加声张，默默收起了木牌。回到汴梁后，重病缠身的柴荣又拿出这块木牌，心想必须处理这件事，不然，不仅自己心病难医，对国家也是极大的隐患。

点检，即执掌殿前司兵权的都点检张永德，点检作天子，就是在暗示张永德自己想当皇帝，这还了得！但聪明过人的柴荣，当然不会听风便是雨，他首先想到的是，这块木牌一定是张永德的死对头李重进所为。

原来，柴荣的皇家禁军分为两大部分，一为殿前司，一为侍卫亲军司。殿前司下辖左右两厢骑兵、左右两厢步兵，有两万人。侍卫亲军司也分马、步军，亦分左右两厢，厢下又辖若干军，人数达七八万之多，远甚于殿前司。但殿前司是优中选优的精兵，人数虽少，战斗力却胜于侍卫亲军司。张永德作为殿前司都点检，执掌最为精锐的部队，赵匡胤是他的副手。侍卫亲军都虞候李重进执掌侍卫亲军司。张永德是后周太祖郭威的女婿，李重进是郭威的外甥，这样安排，既有要他们共同辅佐柴荣的用意，也有让他们互相牵制，不让某一方权力过于集中的目的。

在高平之战中，侍卫亲军司人马组成的右翼面对北汉军队一触即溃，幸亏殿前司将士浴血奋战，才反败为胜。自此后，柴荣对殿前司更为倚重，而殿前司副手赵匡胤不论是在高平之战还是在征南唐的历次大战中，每每起到决定胜局的关键作用，这也让柴荣对殿前司更多一份偏爱。这让李重进心里很不好受，而张永德难免时时流露居功自傲的态度，两个人一有机会就说对方的坏话，而这些坏话又会很快传到对方耳朵里。谁都知道张永德和李重进是结下死结的死对头。柴荣认为，即使这次李重进是诬告，但以前张永德也不止一次在柴荣面前说李重进“有二心”，两人今天这个局面，已经发展为“一山不容二虎”的态势，一旦自己对他们失去掌控，他俩一闹起来，国家就会陷入动乱。

随着病情日复一日地加重，柴荣察觉到自己来日无多，必须安排后事了。他深思熟虑，为了让柴氏子孙能继续坐江山，他进行了细致周密的安排。

一、册立已去世的符皇后之妹为皇后，以便垂帘听政，同时得到大将符彦卿的全力支持。

二、确立幼子的皇嗣地位。柴荣前三子被后汉隐帝刘承祐所杀，而第四子柴宗训年仅七岁，封为梁王，领左卫上将军。

三、文臣方面，柴荣托孤于宰相范质、王溥、魏仁浦，共同辅佐幼主。

四、武将方面，任命吴廷祚为枢密使，并选择韩通、赵匡胤为托孤之臣。为免后患，免去张永德的殿前都点检之职，改任澶州节度使（让他不可能“作天子”），升赵匡胤为殿前都点检。而张永德的死对头李重进，虽然保留着侍卫亲军司都指挥使之职，但让他统率所部兵马去河东守御，防范北汉。提升韩通为侍卫亲军司副都指挥使，实际掌控侍卫亲军司。这样，军权最大、统率军队最多，对柴氏江山威胁最大的张永德和李重进，都被削弱军权，并远离京城。

他最为放心、认为老实忠厚的两位大将赵匡胤和韩通，都得到提升，并掌握了天下最强大的两支军队。这两人资望比较浅，而且相互间可以制约，不像张永德和李重进有很强的掌控力和号召力，再说，即使他们有胆子敢乱来，驻扎在京城以外的张永德、李重进、符彦卿都不会放过他们。

三位宰相范质、王溥、魏仁浦一向勤政，忠于王事，为人也一向忠厚。再说他们没有一兵一卒，自是不会乱来。

柴荣对自己的这个安排非常满意。虽然平天下、扫四海的雄心未能实现，但这样的托孤安排，他非常放心，便了无牵挂地告别了人世。

他没想到的是，他托孤之臣，固然都是忠厚君子，但也不是对谁都忠心耿耿。赵匡胤这样的一代枭雄，在他柴荣面前，死心塌地甘为前驱，甚至赴汤蹈火不惜性命，实在是服膺于柴荣的雄心、能力和智慧，面对这样的英明君主，他丝毫不敢有不臣之心。柴荣不在后，世上再也无人有能力约束他，他的野心自然就不可抑制地疯长开来。更何况，他赵匡胤忠诚、有情有义，但他的军队、他的幕僚，特别是他少年老成的弟弟赵匡义，没有一个是吃素的，更别提“忠厚”二字了。

一千多年来，史学界为到底是谁在柴荣的文书奏章里塞进“点检作天子”

的木牌争论不休，主要分为两派，一派认为是李重进栽赃张永德，一派认为是赵匡胤所为，以后一派人数居多。他们的理由是，在征伐途中，柴荣乘龙舟，赵匡胤天天陪在他身边，最有机会把木牌塞进公文里。

其实，不论是李重进还是赵匡胤，都不是把“点检作天子”木牌塞进柴荣公文里的人。

先说李重进，虽然跟张永德嫌隙很深，巴不得张永德倒霉，但他统率的兵马走的是陆路，而且主要是防范北汉，距离柴荣太远。再从后来的事推断，也许是惧于柴荣的英明，他没有在宫中或柴荣身边安排人手，也就没有可能把木牌偷偷塞进柴荣的奏章里。

再说赵匡胤，他是张永德的副手，任殿前都指挥使，与张永德关系非常好，“以兄事之”，以他为人的豪迈磊落，应该做不出如此龌龊之事。再说，他虽跟随柴荣屡立战功，但加入禁军只有数年时间，资历威望尚浅。排名在他之前的武将还有好几位，即使能把张永德拉下马，也不可能保证他就能顶上去。

但是，他不做，不等于他手下的人一定就不做。特别是他那不想“守正出奇”，一门心思想着“奇中出奇”的弟弟赵匡义。此人天资聪颖，少年老成，把柴荣、张永德、李重进、赵匡胤及禁军中每位将领的个人性格禀赋及纵横交错的关系研究得十分透彻。他没想到柴荣在三十九岁的壮年就因病早逝，让他殚精竭虑的是如何让赵匡胤把官做大。殿前司是天下战斗力最强的军队，它的最高指挥官就是天下除皇帝之外权力最大的人。而殿前司主要是赵匡胤完成改造的。只要拉下张永德，以赵匡胤的能力、战功，特别是他在柴荣心里的好印象，顶替张永德的胜算实在不小。再说，栽赃张永德，几乎所有人都会想到李重进，而没人会想到赵匡胤，更不会有人想到他嘴上无毛的弟弟赵匡义。说干就干，赵匡义不露痕迹，还拉上了赵普，神不知鬼不觉地干了这件大事，竟然真的把赵匡胤推上了殿前都点检的位置。

赵匡义没想到的是，赵匡胤当上殿前都点检后不久，柴荣就驾崩了，此时的他，面对的是只有七岁的小皇帝。赵匡义的心，就像黄河的巨浪，奔腾咆哮！

接着，赵普、“义社十兄弟”等一批站在赵匡胤身后的人，每个人的心思都像正月十五的焰火，一个赛一个亮，亮得整个夜空都耀如白昼。

赵匡胤呢，明面上不动声色，心底下却早已万马奔腾。

第六章　陈桥兵变

流言与事实

刚满七岁的柴宗训坐上了皇位。虽然柴荣去世前有非常细致的调度安排，想利用托孤大臣相互牵制，维持平衡，让小皇帝撑到成年，就能实现平稳过渡。但是，打从柴宗训坐上龙椅那一刻起，就没人觉得那把椅子很稳当。

能够扳倒那把龙椅的会是谁呢？

在一切凭拳头说话的乱世，文官唯有俯首帖耳的命。武官呢，心痒痒的人有几个，但只要想到赵匡胤那只醋钵大的拳头，谁也不敢轻举妄动。

几位宰相为防不测，按照柴荣临终安排的方略，对禁军将领做了相应调整。

侍卫亲军司：都指挥使仍为李重进，副都指挥使为韩通，都虞候为韩令坤，马军都指挥使为高怀德，步军都指挥使为张令铎。

其中，李重进主要是挂名，他领到的任务是驻兵扬州，防备南唐。韩通才是侍卫亲军司真正的总负责人，他虽然是副都指挥使，但同时又领了一个“同平章事”，就是享受宰相一级的待遇，而且京城守备也由韩通负责。

殿前司：都点检是赵匡胤，副都点检为慕容延钊，都指挥使为石守信，都虞候为王审琦。

职务上，都点检为正职，赵匡胤职务和声望都高于韩通，但韩通的权力却比赵匡胤大，这就是柴荣临终前设计的制约和平衡之策。赵匡胤本事大、声望高，让各方面都比他低一截的韩通掌握更大的权力，这样赵匡胤就没机会篡夺皇位，而韩通如果胆大妄为，赵匡胤也治得了他。

表面看，柴荣这样的设想没毛病，但是，他要是看到“禁军将领与赵匡胤关系谱”，只怕临终闭上的眼还得再睁开——

张永德对赵匡胤很信任，关系也很铁，但失去兵权后，对赵匡胤帮不上大忙。

李重进与赵匡胤向来不对付，但兵权被削去大半，人还去了扬州，对赵匡胤无制约，没威胁。

韩通人称“韩瞪眼”，胸无点墨，性格粗暴，因为权力大于赵匡胤，对赵匡胤也不是太服气，但赵匡胤在想什么，要干什么，他一脑子糨糊根本想不过来。他驼背三儿子韩微倒是很有脑子，看出了赵匡胤的威胁和异动，力劝父亲尽早除掉赵匡胤，但韩通觉得京城内外的禁军大权都掌握在自己手中，赵匡胤有胆也没机会。他毫不在意，有时还嘻嘻哈哈跟赵匡胤一块儿喝酒。

殿前司中，副都点检慕容延钊跟赵匡胤是铁哥们儿，对赵匡胤言听计从，都指挥使石守信、副都指挥使王审琦更不用说了，是赵匡胤“义社十兄弟”中的成员。

赵匡胤权力之外的侍卫亲军司，紧随韩通之后的都虞候韩令坤是和赵匡胤在洛阳夹马营一起长大的发小，一直对赵匡胤很服气，关系十分密切。马军都指挥使高怀德与赵匡胤关系密切，是好兄弟。而步军都指挥使张令铎，是出了名的仁厚之人。所以，不仅战斗力最强的殿前司牢牢握在赵匡胤手中，就连韩通一手统率的侍卫亲军司，赵匡胤也完全可以架空韩通，由他来调度指挥。

总之，赵匡胤这几年在战场搏命拼杀出来的名气和赫赫战功，让他得到极高的威信，而他平时情义如天的豪侠个性，也为他赢得广泛的人脉。

禁军中唯一被蒙在鼓里的，可能只有韩通一人了。

这时，京城里又四处出现"点检作天子"的流言，这流言越传越广，连三岁稚子都当童谣唱了。这流言也传到三位托孤宰相的耳朵里，但他们听了，全当没听见。为什么会装聋？因为，之前柴荣就因为"点检作天子"这一句话，直接罢免了殿前都点检张永德，但张永德有什么野心，做过什么，大半年过去了，没有查到半点"实锤"，反倒是让禁军上下和全国百姓议论纷纷，认为张永德这口黑锅背得太冤了。这样的事，柴荣可以做，一点乱子都不会有，但三位被托孤的宰相，谁也没有这个能力和魄力，一下撤掉赵匡胤的都点检。一是他们根本没有能力插手禁军，二是他们也都怕这样做会给自己招来一大串的骂名。多事之秋，作为文官的宰相，虽然理论上有权力，但谁也没胆扛得起这么大的事儿！

由此也可看出，柴荣托孤的三个文臣，个个都是老好人、忠厚人，既撑不起局面，也担不起责任。

其实，"点检作天子"的流言，这次照样是赵匡义他们炮制出来的。他们吃定了韩通是个糊涂蛋，三个宰相谁也担不起事，所以故意放出这样的谣言四下传播，先在舆论上为赵匡胤热热身。铺场戏做足了，好戏上台，更能获得满堂彩。

唯一敢上书朝堂、直指赵匡胤有不二之心的，是侍御史郑起，但他也没有实锤，只是指出赵匡胤等人言行诡谲，应引起警觉，当今“主少国疑”，赵匡胤不宜再执掌殿前司这支虎狼之师。但他麻着胆子写的这一篇奏折，可说毫无效果，唯一的效果是引起赵匡胤集团的警觉，加快了篡位的步伐。

他们不想夜长梦多，何况此刻满朝文武，没有一个人能制约赵匡胤。赵匡胤从军年头不长，资历尚浅，从乱哄哄的残唐开始，从来没有一个像赵匡胤这样只有几年从军资历的人能够掀翻龙椅，让自己成功上位。

但别人不行，不等于赵匡胤也不行。

黄袍加身

机会和坏消息一起来了。显德七年（960）正月初一，小皇帝正在高高兴兴地过春节，突然，镇州和定州飞马来报——契丹入侵！北汉的兵马自土门东出，与契丹军汇合，大举南下！

这消息有鼻子有眼，谁敢不信？符太后和宰相范质等人一商议，急令殿前都点检赵匡胤统领三军北上御敌。

第二天，赵匡胤升帐点兵。殿前都指挥使石守信、殿前都虞候王审琦率兵协助韩通守御京城。这是赵匡胤最信得过的兄弟，留在京城，自然是为了搞定韩通。殿前副都点检慕容延钊领军先行北上。慕容延钊虽然与赵匡胤关系很铁，但毕竟不是核心，让他走前面，免得到时让他左右为难，事成后他自然顺势而为。侍卫亲军司方面，赵匡胤点了马军都指挥使高怀德、步军都指挥使张令铎以及侍卫步军虎捷左厢都指挥使张光翰、右厢都指挥使赵彦徽率部随自己出征。侍卫亲军司都是精锐，指挥官都与赵匡胤关系密切，就算有个别搞不定，凭他掌握的殿前司更强的精锐兵马，侍卫亲军司也不敢造次。更主要的是，减少了韩通在京城能控制的兵马数量，留在城里的石守信、王审琦更容易成功。

可是，大军未行，京城百姓却逃了快一半，只有蒙在鼓里的太后和小皇帝还在深宫乐呵呵地过年。

老百姓为什么要逃？因为他们记得，几年前，郭威拿下京城后，手下兵马抢掠了全城几乎所有人家，直到次日中午才停止。而往前推，每次跟着大将军进城来抢皇位的兵马，他们的头子抢皇位，手下的兵马跟在后面抢老百姓，一次也没落下！都在喊“点检作天子”，现在都点检带着几万人的虎狼之师出城，老百姓不是傻瓜，他们能不逃吗？

据说，赵匡胤出城前，回了趟家里。这么天大的一件事，要不要做？失败了怎么办？他心里不能不纠结，他要知道家里人的想法，让家里人做好准备。他一到家，就说：“现在外面到处在说‘点检作天子’，怎么办？”他刚张嘴，他妹妹挥着根擀面杖就冲出来，给他头上敲了一记，喝道：“男子汉大丈夫，大事临头，自己拿主意！跑回家吓唬老娘们，有出息吗？”赵匡胤见了，心意立决，掉头就出了家门。

赵匡胤严令三军，整饬纪律，不得扰民，心神不宁的老百姓慢慢定下神来。当晚，三军将士驻扎于开封东南四十里处的陈桥驿。

“点检作天子”的流言，一般人都以为是蛊惑百姓，到了陈桥驿，很多人才明白，这是极高明的军队动员令。

这些为了吃粮而当兵的人中，二杆子和三青子扎了堆，最渴望的是发财。他们发财的方式，无非仗着自己有刀有枪有兄弟，打了胜仗有赏赐，打了败仗也能三五成群地去抢。如果能把天戳个窟窿，把地掀下一层皮，山一样堆着的银子可以去抢，那才是天底下最美的事了！所以，他们个个明白，如果“点检作天子”，没他们出头不可能，他们一出头，那就是一场财富的盛宴。

这些赵匡胤精挑细选，又经过严格训练的士兵，从来不愁事多，只怕事不多。

至于那些军官，更是求之不得，不仅能大发横财，更有加官进爵得富贵的机会。

所以，他们听到“点检作天子”的流言，就是听到最好的动员令，根本不需要战前总动员，个个摩拳擦掌，早早地做好了准备。

一出开封城，有个平时神叨叨的士兵就与赵匡胤的谋士楚昭辅唱起了双簧，他指着天上说，太阳下面还有一个太阳。这意思谁都明白。

当天晚上，赵匡胤喝了很多很多酒，迷迷糊糊早早就睡了。驻扎在陈桥驿的士兵们，三五成群，扎一块儿就聊开了。赵匡胤的谋士和亲兵们，扎到这些士兵中间，聊开了大天。聊的结论是：“皇帝一七岁小儿，我们在前方卖命他能知道？不如让点检作天子，然后与他一起打天下，求富贵！”

说干就干！因为赵匡胤在呼呼大睡，于是一群禁军头目就找到掌书记、头号幕僚赵普。赵普瞅着眼前这群上钩的鱼儿，故意说：“哎呀，点检赤胆忠心，怎么会同意你们这个想法呢？不行！不行！”这一说，把这群兵哥哥吓了一大跳，急忙散开。过了一会儿，又有人去跟他们咬耳朵，于是他们又冲进来，喊道：“按军规，我们说了这样的反话是要灭族的，点检如果不同意，我们就是死路一条。就这么定了，不行也得行！”

赵普见火候已到，便说：“这等大事，哪有像你们这样乱来的！真要做，那得好好谋划才行！”

于是，这群禁军军官围着赵普站成一圈，听他的安排。

赵普先引导他们不要北上，而是直接回京城夺权。得到响应后，又说：“首先，京城不能乱，一乱，其他节度使的兵马都会以平乱为名，拥过来跟我们抢天下，搞不好就白干了。所以，要尽可能平稳过渡，安抚天下。”

这些军官见进了城不能开抢，心有些凉。赵普接着说：“你们都知道，点检一向豪侠仗义，从不小气。此事如果成功，赏赐是断断不会少的！”

听说有大赏，这些人立马又开心了，群情激奋：“干！”

赵普马上命令赵匡胤卫队的军校郭延赟飞马赶回京城，通知石守信和王审琦，让他们火速做好接应准备。

一切就绪，赵匡胤没醒。天都亮了，赵匡胤还没醒。帐外士兵的嚷嚷声惊得战马都振鬣长嘶了，赵匡胤还是没醒！

急性子的赵普干脆不等了，手掀布帘进了大帐，身后跟了一大群禁军。这些人嚷嚷道：“三军无主，愿立点检为天子！”

赵匡胤这才睁开眼，正要坐起来，这群士兵一拥而上，把他抬了起来，抬到公案前，将一件早已准备好的黄袍披在他身上。然后众人扶赵匡胤坐好，一起跪拜在地，三呼“万岁”。

兹事体大！赵匡胤虽不能再装睡，还得继续装作不情愿。众军士懒得理他，直接把穿着黄袍的他抱起来，放到马上。大队人马山呼海啸一般，一路呼喝着向京城奔去。

这时，赵匡胤拉住马缰绳，喝令队伍停止前进，他说：“是你们自己贪图富贵，拥立我为天子。如果你们听我的命令，我就干，不然，我不干了！”

三军都愿听命。

赵匡胤便约法三章，说：“少帝和皇太后，我曾事之为君，公卿大臣，都是我过去的同事，你们不得凌辱！入城后，不得抢掠国库、街市，事成之后，定有重赏，如有违犯，当加灭族刑罚！”

士兵们想想，重赏也是钱，便都答应了。

赵匡胤想当皇帝，想的是当龙椅稳固、江山万年的皇帝，所以从一开始就计划周密，先从立规矩、讲道理开始。即使是谋朝篡位这样的事，他也尽量做在明处，尽量让自己的行为正大堂皇。

他派自己的心腹大将潘美去朝中见宰相等大臣，通报兵变之事，又遣幕僚楚昭辅入城，到他家里通报兵变的消息。

然后统领三军，直扑守御空虚的京城。

君临天下

潘美给后周朝廷带去陈桥兵变的消息，跟最后通牒差不多一个意思。潘美一到，朝中顿时乱成一团。宰相范质悔得直跺脚：“仓促派大将出征，我辈之罪也！”但没有一个人拿得出应对之策。一旁的韩通看了，恨恨而出，跃马回侍卫亲军司，组织兵马抵抗。

他先是派人去抓赵匡胤家人，但赵匡胤早有布置，全家人都在定力寺设斋进香。韩通的人马再赶去定力寺时，定力寺的僧人们又掩护了赵家人。

然后韩通又带领兵马杀奔都点检署，但殿前都指挥使石守信早有防备，事先就派兵埋伏在左掖门，韩通的人马一走近，便乱箭齐发。韩通的手下听说陈桥兵变的消息，心就凉了半截，完全没有斗志，乱箭一来，马上四散而逃，韩通没有办法，只好跟着逃。

这时，殿前司大将王彦超带领的先头部队已经进入城里。这个王彦超，便是九年前用十文钱打发走赵匡胤的那个复州刺史，当时他一不小心得罪了赵匡胤，后来一直想找机会补偿。王彦超一进城，正好遇到四散溃逃的韩通和他的手下，二话不说，上前就是一通乱杀。韩通难以抵敌，逃回自己家中躲避，王彦超不依不饶，闯入韩通家中，杀了韩通和他的妻子及三子三女。

这场改朝换代的政变，韩通是后周朝廷唯一一个殉难的大将。

赵匡胤率兵从陈桥驿入城，要经过陈桥门。本来石守信、王审琦已经搞定的事，不知为什么，守城的两位军校就是拒不开门。手下人一见就生了气，准备攻打，赵匡胤却摇摇头，领兵绕到另一座门，守门的一见赵匡胤，马上开门迎接。

赵匡胤进城后，手下兵丁只是按照命令，迅速布控各个要害位置，没有干扰街市，做到了秋毫无犯，与历次兵变完全不同。赵匡胤也松了一口气，他没有直接去皇宫，仍旧回到殿前司都点检署。

不一会，军士押着范质、王溥、魏仁浦三位宰相过来了。赵匡胤一见他们就哭开了："我受后周世宗厚恩，被三军所逼，以至如此，这可怎么办呀？"

三位宰相还没开口呢，一帮军卒就朝他们挥舞刀剑，喊道："我辈无主，今日须得天子！"

范质吓得簌簌发抖，另两位宰相早已朝着赵匡胤跪了下去，三呼"万岁"。

范质只得见样学样。

赵匡胤急忙扶起他们。范质流着泪，对赵匡胤说："点检想以禅让之礼受让帝位，则当侍奉太后如母，养育少帝如子，勿负先帝旧恩！"

赵匡胤跟着也动了感情，含着眼泪答应。

接着，赵匡胤在范质等几位宰相的陪同下，来到崇元殿。文武百官都来参拜，惊魂未定的小皇帝柴宗训也被请了出来。礼官拿出早就准备好的禅让诏书，宣读完毕，然后宰相范质等人扶着赵匡胤升殿，换好龙袍，坐上皇帝专享的龙椅，接受百官的拜贺。

从此，赵宋王朝正式建立，开国之君赵匡胤这年三十四岁。

柴宗训被降为郑王，符太后改为周太后，迁往房州，并让为人宽厚的启蒙老师辛文悦当房州知州，照顾这一家的生活。赵匡胤还赐给柴家可以免死的铁券丹书。

新皇登基，大赦天下。赵匡胤接着又大发诏令，立母亲杜氏夫人为皇太后，妻子王氏为皇后，天下州县与天子名讳相同者，皆换名以避讳。他的两个弟弟，赵匡义自此改名为赵光义，赵匡美改名为赵光美。

登基后的第三年，赵匡胤在新建的太庙中立了一块誓碑，上面刻了三句话，此后每位新皇登基，都要在誓碑前默念这三句话——

柴氏子孙，有罪不得加刑，纵犯谋逆，止于狱内赐自尽，不得市曹刑戮，亦不得连坐支属；

不得杀士大夫及上书言事之人；

子孙有渝此誓者，天必殛之。

这说明，赵匡胤从柴氏孤儿寡母手里得了天下，的确没有像其他篡位的帝王那样，把前代帝王及其亲属全部斩草除根，赶尽杀绝，而是宽待柴氏一家。

还有一件事也能看出赵匡胤对柴家的宽厚。

禅让典礼后，赵匡胤带着一帮人进了皇宫，宫中太监、宫女都出来迎接。有两个抱着幼童的宫女引起了他的注意。一问，那两个幼童是柴荣的两个幼子，一名柴熙让，一名柴熙谨。赵匡胤便向身边的赵普等人询问处理意见。赵普眼也不眨，说："去之！"在场的文武大臣都赞同，唯有大将潘美手扶柱子，一声不吭，赵匡胤便问潘美："你是不是认为不能这么做？"潘美还是不吱声。赵匡胤叹了一口气，说："即人之位，杀人之子，朕不忍为。"潘美这才说："臣与陛下北面事周世宗，劝陛下杀之，即负世宗；劝陛下不杀，则陛下必致猜疑。"后来，赵匡胤把柴熙谨赐给潘美，说："这是世宗之子，你不能认他为子，只能认其为侄。"潘美把柴熙谨领回家，改名为潘惟吉，把他养大。潘惟吉长大后踏入仕途，给赵宋王朝当了刺史。

接着，赵匡胤追赠韩通为中书令，厚礼安葬。

后周的文武百官，一律留用原职。参与兵变的官兵和幕僚，都得到了赏赐和升迁。赵普从掌书记升为右谏议大夫、枢密院直学士，看上去官不太大，但赵匡胤对权力中枢枢密院进行了改造，让赵普这样的心腹实际掌管枢密院。

刚刚二十二岁的赵光义擢升为殿前都虞候，跟枢密院一样，赵匡胤对殿前司同样进行改造，让殿前司的实权牢牢握在弟弟赵光义手中。

赵光义年纪轻轻就占据如此高位，并非仅仅因为他与赵匡胤的血缘关系，而是因为在这一年不到的时间里，赵光义显示出过人的才能，行事老成、周密、持重、果敢，得到了赵匡胤的赏识。赵匡胤让他掌握殿前司，的确是论功行赏！

而在赵光义心里，二哥能得江山，他不仅功不可没，甚至可说居功至伟。二哥在不到一年的时间里，从殿前司的二把手登上君临天下的皇位，这是历朝历代从来没有出现过的奇迹。没有自己的组织运营和各方联络，是不可能做到的。所以，在他看来，他二哥的江山，理应有他的一半！

天命攸归

没太费事就登上皇位，赵匡胤却丝毫高兴不起来。他不想像他前面的十几位皇帝那样，屁股没坐热就被人推翻，或是早死。这样的皇帝过得再快活，也是失败。从安史之乱算起，国家动乱、分裂已经二百多年，他想再回盛唐，让国家安定，黎民百姓都过上正常而富足的生活。都说他登基是天命攸归，这才是他的命，是上苍托给他的，必须完成的使命。

他跟在郭威、柴荣身边，看着他们做了九年皇帝，他知道做皇帝难，做好皇帝更难，而要做比郭威、柴荣更好的皇帝，那是难上加难。但是，天大的难，他也得做，而且要做到最好，要比他崇拜的柴荣好很多才行。比他们干得好，结果就完美，错事也会变成好事，污点也会成为亮点。那时候，历史会说他的行为是为了拯救国家和黎民，当仁不让，是义举。不会有人说他从孤儿寡母手里夺下江山，拿他登基的过程当戏说。再说了，他不过是把郭威演过的剧本重演了一次。

总之，他要当一代明君，让江山千秋永固，让天下黎民共享万世太平。

要做到国泰民安、天下太平，还得像他一直说的那样，守规矩、讲道理。

天下何物为大？

道理最大！

但道理不能硬塞给别人，先得从皇帝自己做起，做给天下人看。这叫率先垂范。这事儿皇后也得跟着做，那叫母仪天下。

有一次，赵匡胤在宫外出行，仪仗严整。走到大溪桥，突然，不知从哪里“嗖”地射来一箭，虽然没有射中赵匡胤，却射在他头顶的华盖上。侍卫们好不紧张，一下全散开去追捕。他却喊住侍卫，不要追捕刺客，反倒走下辇车，敞开胸膛，哈哈大笑，说：“我就在这里，我不动！你射呀！放心大胆地射，光明正大地射！”

因为不知道刺客躲在哪里，侍卫们都非常紧张，赵匡胤却浑然无事，敞开胸膛站了好一会，才登上辇车回宫。

赵匡胤这么做，是想让天下人知道，他当皇帝不是贪图富贵，他为国为民，坦坦荡荡，连死都不怕，没有什么能够阻拦得了他。

其实他何尝不怕！每次出行，都防备周密，这次只不过是个意外。即使在宫中，他也让太监和宫女们勤练武艺，说不定什么时候遇上事了，也能救个急。

赵匡胤一向节俭，为了减少用度支出，只配了一百多个宫女和太监。他登基后很少穿新衣服，还经常把旧衣服赏给大臣，特意告诉大臣这是他穿过的衣服，要是看到大臣穿他的旧衣服，就特别高兴。他的目的是上行下效，不要有奢靡之风。他还把皇冠上的珠玉去掉，大臣们跟着也不敢在服饰上太讲究。几年后，他的女儿长庆公主渐渐长大，有一天穿了身用翠羽绣花点缀的裙子来看他，他提醒长庆公主不要穿这么好的衣服。女儿说："我贵为公主，总不能穿得太寒酸，让人笑话。"赵匡胤便耐心地开导女儿："正因为你是公主，你穿什么别人都会仿效，你把翠鸟的羽毛穿在身上，如果别人仿效起来，那天下的翠鸟就要遭殃，翠羽的价格也会大涨，国计民生都会受影响。"长庆公主被他说服，从此也跟他一样衣着俭朴。

赵匡胤以前很爱喝酒，每逢大事、特别是大仗之前，往往喝得大醉，当上皇帝后，就很控制了，也劝诫大臣不要沉湎酒色。有一天深夜，他突然想吃羊肝，本想让御膳房做好送来，后来一想不妥，如果御膳房知道自己好这一口，那就得时时备着，下面也会想方设法送来，就算一天只杀一只羊，自己能吃多少呢？这是特别大的浪费。

他对住处要求也不高，尽量从简，窗帘和门帘都很简朴，用芦苇编织，外面罩上轻纱，连竹帘都舍不得用。大臣们也看样学样，家居都不奢侈。赵匡胤日常用的物件，多是后周遗留下的旧物，连他出行的车辇，也是后周皇帝用过的。他把“治世莫若爱民，养心莫若寡欲”直接写在屏风上，让自己天天看到。

他节俭，但并不抠门。给家人的用度很省，但赏赐大臣，他非常大方。宰相范质生了重病，他上门探望，发现身为宰相的范质家中连招待客人的茶碗都没有几只，便问范质：“你身为堂堂宰相，怎么家里连碗也没几只呀？”范质答道：“我很少会朋友，即使请人吃饭，也是以前的穷朋友，不需要太多碗碟。”赵匡胤大为感动，当场赏赐范质黄金二百两、白银一千两、绢一千匹、钱百万，把范质感动得直要从病床上爬起来，向赵匡胤下跪，此后对赵匡胤更加忠心。

如果地方上出现灾害，他在赈济灾民上，也从来不吝啬，总是拿出大量的金钱和粮食用来赈灾。如果有灾民饿死，或是流离失所，赈灾钦差和地方官员都脱不了干系。

郭威和柴荣的很多法令，经过几年实施后，效果如何，都有显现。赵匡胤对这些法令的取舍有自己的思考，如柴荣打压佛教、勒令僧尼还俗、拆毁佛像以铸铜钱的举措，虽然解决了当时劳动力缺失、货币流通不足等大问题，但到了赵匡胤手上，他还是做了调整。

在调整前，他亲自去了趟开封的大相国寺。在佛像跟前，他踟蹰了：入庙进香、拜佛，这是规矩，但自己现在是一国之君，这一拜大失威仪。一旁的僧人见了，明白了他的心思，便说：“善哉！现在佛不拜过去佛！”这话说得很有智慧，不仅给赵匡胤打了圆场，还把赵匡胤好好地奉承了一番。赵匡胤大为受用，再次觉得，佛教有大智慧、佛地多有智者。再加上当年在襄阳，委实得到一位老僧人的大力帮助。所以，他对佛教采取了宽容的态度，在控制寺庙总体规模和僧尼总人数的基础上，不再对佛教有其他限制，使佛教在经历了后周世宗的严格禁锢后，又迎来一个良好的发展时期。

但长治久安并非一朝一夕所能完成，眼下最紧要的，是尽快获得全国各地的拥戴，清除一切危及政权稳定的因素。

伐潞州、平扬州

安顿妥京城，赵匡胤接着向外地发布诏书，特别是各地的节度使，每地都有使臣专职送达。最先表达忠心、愿意归附的是忠武军节度使张永德和天雄军节度使符彦卿。这两位分量极重，赵匡胤在禁军这几年的为人以及与他们的交情在这时发挥了作用。但赵匡胤从殿前都点检到九五之尊，时间太短，步子太大，其他节度使完全没有心理准备，所以大多数都在观望中。有些节度使向特使打听朝中宰相、枢密使、禁军将领和近臣的姓名，发现一个也没有更换，这才放下心来，拜服赵匡胤。赵匡胤善待柴氏母子，对心怀不满的大臣也比较宽容，渐渐获得了很多人的认同和好感，拥戴他的节度使越来越多了。

但不服气的也不少，有些还心怀异志，如成德军节度使郭崇时常对着后周世宗的遗像哭，保义军节度使袁彦日夜缮甲修兵，朝中还有护国军节度使杨承信准备谋反的传言。

最有威胁的还是手握重兵的昭义军节度使李筠和淮南节度使李重进，这两镇兵马实力强大。李重进本来就是侍卫亲军司的总头领，在禁军的年头比赵匡胤长得多，人脉自然也比赵匡胤广，现在手中的兵，也是禁军的老底子。如果他们同时起事，再联络其他藩镇，赵匡胤仅凭手中的禁军，并没有一举剿灭他们的把握，而一旦失败，他的皇位也就坐到头了。

赵匡胤决定拉一个打一个，一个个分开来收拾。

昭义军节度使李筠吃了一辈子军伍饭，从后唐起就带兵，后来跟了郭威，关系好得跟铁哥们儿似的。柴荣登基后，决定国家前途命运的高平之战，就是在他的地盘打的，他作为泽、潞二州的守将，对高平大捷也是很有贡献的。但后来李筠倚老卖老，傲视朝廷，擅用征赋，竟然还囚禁朝廷派来的监军使。柴荣很恼火，但一直腾不出手来收拾他，念他的确担起了防御北汉的重任，只是下诏责备一下就交代过去了。赵匡胤登基后，在他原职之上，又加了个“中书令”的官衔，但李筠自恃手底下兵强马壮，野心膨胀，根本不把资历、年龄都比他低很多的赵匡胤放在眼里，但幕僚们认为他远未准备好夺权，不能马上翻脸，他只好耐着性子接受了。

赵匡胤知道李筠铁了心要跟他抢江山，知道他在联络北汉和李重进，便决意在对手未结成稳固同盟前，先激李筠造反。当李筠的儿子李守节来拜见时，赵匡胤故意问他：“太子，你为何而来？”把李守节吓得够呛，然后赵匡胤正告李守节：“你回去告诉你父亲，我未为天子时，任他为之而未管束他，现在我当天子了，难道他就不能臣服我吗？”李守节回去后，李筠就开始公开进行谋反的准备活动，并派牙将李继冲带人去太原向北汉求援。

然后他就扯起旗子干开了。干之前，幕僚们给他设定的战略，是利用潞州所在上党地区的地理优势，沿太行山脊南下，直取洛阳，再联络辽国、北汉、后蜀及淮南李重进，让赵匡胤四面受敌，与赵匡胤一争高下。赵匡胤最怕的，也是这一手。但李筠太自信、太乐观了，竟然说：“禁军军校皆吾旧人，闻吾到来，必定倒戈归我，我有儋珪枪、拨汗马，何愁天下不平？”他竟然没想到，现在的禁军已经是赵匡胤一手锻造的精军，与以往岂可同日而语！他连这个都没想清楚，便亲率三万大军南下，很快攻占了泽州，杀死泽州刺史。

赵匡胤怕的是李筠从太行山脊直扑洛阳，现在李筠直扑泽州，赵匡胤便命驻守河北的侍卫亲军司马步军副都指挥使石守信与殿前副都点检高怀德率前军迎战，并叮嘱他们不要让李筠下太行山，只要守住关隘，必然破敌。然后又令驻守真定的殿前都点检慕容延钊、彰德军留后王全斌率兵与石守信会合。不久，石守信传来捷报，在长平南击破李筠，斩首三千。

李筠一反，有些地方的节度使也有点蠢蠢欲动了，必须迅速剿灭李筠，方能扭转这个局面，于是，赵匡胤决定御驾亲征。赵普、赵光义都跟随他亲征，同时，他令侍卫马步军靠近韩令坤屯兵河阳，以为接应。这大大出乎李筠意料，在泽州城南，李筠的部队与宋军大战，李筠大败。增援李筠的北汉大将范守图及数千援军皆被擒杀，李筠逃入泽州城内。赵匡胤亲自在城下督战，日夜攻城。十几天后，侍卫控鹤左厢都指挥使马全义率死士数十人攀缘城堞而上，赵匡胤亲率卫兵紧随突击队冲入城内，李筠投火自杀，留在泽州城的北汉宰相卫融被擒。赵匡胤挥军直指潞州，李筠的儿子李守节出城投降。

仅用一个多月时间，赵匡胤就剿灭了李筠的叛军。另派“义社十兄弟”中的李继勋任昭义军节度使，镇守泽、潞二州，防备北汉，同时，免收泽、潞二州当年租赋，与民休息。

据守扬州的李重进在后周时就与赵匡胤不对付，赵匡胤即位后，将李重进的侍卫亲军司马步军都指挥使的职位给了自己的心腹韩令坤，但给李重进加了一个中书令的官衔。李重进为了试探赵匡胤，请求进京谒见赵匡胤，赵匡胤委婉地拒绝后，李重进确定赵匡胤不信任他，于是开始招兵买马，加高城墙，加深护城河道，然后派使臣联络李筠，合谋一起造反。谁知使臣在半路上直接进了京城，把密信交给了赵匡胤，赵匡胤便让使臣设法稳住李重进，不要让他过早反叛。使臣回去后，果然劝李重进小心行事。

赵匡胤摆平李筠，腾出手后，又想逼李重进造反，以便堂而皇之地收拾他，便改命李重进为平卢军节度使，移镇青州，然后让使臣带着赐给李重进的丹书铁券去扬州，打消李重进的疑虑。李重进见赵匡胤要自己移镇青州，心就凉了，马上扣押使臣，准备造反，又联络南唐，以求支援。但南唐自从被后周世宗抢走江北之地后，元气大伤，更惧怕赵匡胤的神勇，哪敢援助李重进！

赵匡胤得知消息后，马上削去李重进一切封爵，令石守信、王审琦率侍卫亲军司、殿前司的禁军前往征伐，自己亲自带着赵普、赵光义，率大军南征，顺流而下，很快抵达淮河南岸。石守信听说皇帝都到淮河了，指挥大军一阵猛攻，很快击溃了李重进大军，顺势包围了扬州，把李重进困在城里。石守信把围城消息禀告赵匡胤后，却不急于攻城，等赵匡胤一到，马上命令三军攻城，当天就把扬州城攻下。李重进带着全家人赴火自焚。

赵匡胤进了扬州，将李重进同党数百人尽皆处死，然后赈济城中百姓，赦免李重进亲族、部属之罪，迅速消除了当地因战争引起的动荡。

赵匡胤如此迅速地镇压李筠、李重进的反叛，让天下见识了自己的实力，那些一直观望摇摆的地方势力，即使心里对赵匡胤篡位的行为不满，也没人敢不自量力，出来与赵匡胤相斗，纷纷归附新朝。

第七章　月到中天万国明

摆平文官

说到底，赵匡胤也是靠拳头登上皇位的，几个想凭拳头把他赶下皇位的，没有一个能活下来。韩通、李筠、李重进一倒，再没人敢跟赵匡胤比拳头了。

来了一手硬的，还得再来一手软的。

文人不会跟他比拳头、夺江山，但文人能坏他的事，从长远看，文人比武官更厉害。

但赵匡胤赳赳武夫，他管得了文人？他说："能！"

他不仅要管文人，而且要把文人的作用发挥到极致！

武是一阵雷，文才是一场雨。

雨不泛滥，就能润天下，滋万物。文治的世界，才是长治久安、国泰民安的好世界！

王朴这样的文人，能帮助后周世宗柴荣制定扫四海、平天下的国策，帮助柴荣成为五代第一明君，他的睿智和敏捷，赵匡胤由衷佩服。但王朴四十来岁就死了。赵匡胤登基后曾说，如果王朴还活着，他不可能坐上九五之尊的宝座。

柴荣有王朴，他有赵普，还有李处耘、楚昭辅、吕馀庆等一干谋士，还有弟弟赵光义这样谋略过人的青年才俊。治天下，得用天下贤能。后周的文臣，他统统留下，只升官，没有一个降职的。柴荣的三个宰相范质、王溥、魏仁浦，在赵匡胤手下仍任宰相，范质加封侍中，王溥加封司空，魏仁浦加封尚书右仆射，但实际上，他把范质、王溥都调出枢密院，让魏仁浦名义上负责枢密院，实际上却由赵普掌管。而枢密院的权力，已超过宰相。

文臣的复杂性，远高于武将。柴荣留给他的文臣有三类，对这三类人，他有三种对策。

一类是柴荣的死忠，明面上虽然对赵匡胤不敢说不，但心底里其实认定赵匡胤就是谋朝篡位者，一直不服。

这类人以王著为代表。王著很早就是柴荣的幕僚，后随柴荣入朝，才干出众，任翰林学士。柴荣对他非常器重，临死前还嘱托范质，一定要擢升王著为宰相，但范质认为王著就一酒徒，不堪大用。

赵匡胤登基后，加封王著为中书舍人。但王著内心并不愉悦，不时借着酒气发泄不满。有一次，赵匡胤在宫中大宴群臣，王著却借着酒醉，喧哗不已，还不听人劝，扶着宫门痛哭。次日有人弹劾王著，说他在宫门前痛哭是思念前朝，不满新朝。赵匡胤却说："他以前在后周世宗幕府时我就知道他了。一个书生哭后周世宗，没什么可担忧的。"

赵匡胤给王著打了圆场，但王著并不领情，仍是自暴自弃。他时常违犯禁令，醉宿娼家。更过分的是，有一次他在禁中值班，竟然又喝得大醉，还敲击德殿门，要求面见天子。这下惹恼了赵匡胤，便以他醉宿娼家的罪名，罢免他翰林学士之职，贬为刑部员外郎，但第二年还是让他担任了起草文书的知制诰之职，后来还恢复了他翰林学士的官衔，再升兵部郎中。但王著的心仍在柴荣的后周，次年便在郁郁不得志中暴卒，年仅四十二岁。

赵匡胤明知拉不回王著的心，还如此厚待他，其实是在做给其他人看，他以宽厚仁和之心，拉拢了不少文人。

第二类是投机取巧、一心投靠新主子以求进身之阶的文臣，此类人以陶谷为代表。

陶谷善于投机取巧。柴宗训与赵匡胤举办禅让大典，仪式开始了才发现没有准备禅让文书，这个时候，陶谷不慌不忙地从袖中拿出早就准备好的禅让文书，避免了尴尬。由此也可见陶谷投机取巧、察言观色的本事。这个人在后周做过不少坑人的坏事，曾栽赃陷害有恩于他的大臣李崧，将其置于死地。赵匡胤登基后，依例把他升为礼部尚书，但并不重用他，还是让他干他的翰林学士承旨。

但陶谷做梦都想当宰相，见赵匡胤迟迟不用他，急得不行，就央求人到赵匡胤跟前说好话，说自己在翰林效劳多年，宣力颇多，其实是暗指赵匡胤登基时，他拿出早已备好的禅让诏书立了大功，求天子赏赐一宰执官做做。赵匡胤何等样人，反而对来人大笑，说："我听说翰林起草诏书，都是照着前人的旧版本，更换一些词句，就像老百姓说的'依样画葫芦'，何宣力之有？"

有一次，陶谷奉命出使吴越国，吴越国不敢怠慢，招待得非常尽力。有一天，吴越国王亲自陪同陶谷吃饭，有一道菜是海产梭子蟹，做得非常可口，陶谷在中原没怎么见过螃蟹，便问还有哪几种螃蟹。吴越国王便让手下拿出十几个品种给陶谷看。陶谷看了，笑道："真所谓'一蟹不如一蟹'！"这是在嘲笑吴越国自开国国君钱镠到现在，一代不如一代。吴越国王不吭声，特意叫厨师做了一道葫芦羹上来，说："这是先王喜欢的菜肴，厨师依样制作的。"暗讽陶谷"依样画葫芦"，扳回一局。

后来，成语"依样画葫芦"和"一蟹不如一蟹"都流行开来了。

这类人品有亏的文臣，赵匡胤虽然没有抛弃，但不会重用。

第三类是接受改朝换代的现实，愿意为新朝效力的文臣。这类文臣，以窦仪为代表。

后周时，赵匡胤随柴荣伐淮南，赵匡胤夺取滁州后，柴荣便派窦仪前来清点库房的物品。赵匡胤派人来取库中的绢绸，用来赏赐麾下士兵，却被窦仪制止。窦仪说："你刚攻下此城时，即使将库中全部物品赏赐士兵，别人也无话可说。但现在物品已经登录在册，那就是国家的财物，没有诏令，不可擅取！"这件事使赵匡胤对窦仪非常欣赏，登基后，对窦仪非常器重，任命他为工部尚书，兼判大理寺。

后来王著被贬官后，赵匡胤对范质说："宫中深禁之地，只有宿儒才适合。"范质说："窦仪清介厚重，不过刚从翰林学士升端明殿学士。"赵匡胤一听说是窦仪，马上说："他最适合这个职位，你马上以我的名义，命他就职。"由此可见赵匡胤对窦仪的重视。后来，赵匡胤数次想升窦仪为宰相，但赵普这时已经升为宰相，权倾一时。赵普怕性格刚直的窦仪拜相后，影响他独掌朝政，便会同陶谷等人打击窦仪。事实上，由于窦仪不是参加陈桥兵变的勋臣，进不了赵匡胤的核心幕僚圈，一直受到赵匡胤近臣的排挤，即使赵匡胤一直想重用他，也不能如愿。

没过几年，窦仪病死。赵匡胤闻讯，大为惋惜，叹道："天何夺我窦仪之速耶！"追封窦仪为尚书右仆射。

文臣有学问，做人很讲究，但赵匡胤得让他们的学问和讲究，都服从自己的规矩。

赵匡胤是个很有办法的人。

以前宰相地位非常高，跟皇帝奏完事后，继续议事时，可享受坐椅子的待遇，不用像其他大臣那样一直站着。赵匡胤本来就要削弱宰相的权力，哪能给他们这样的待遇呢？所以，有一天，范质、王溥、魏仁浦三位宰相一起上前议事，发现椅子都给撤了。他们也是聪明人，马上明白是咋回事，一声不吭地接受了。

文臣还有个习惯，上朝时喜欢在下面交头接耳地议论，就像学生听课不专心。赵匡胤灵机一动，给文官设计了一种带长翅的官帽，这样一来，彼此的头就很难碰到一起，交头接耳的毛病自然就改了，大家一起聚精会神地替皇帝出主意、想办法。

赵匡胤费尽心机将后周文臣成功地转化为新政权的拥护者后，便开始重用这些人，让他们发挥前所未有的作用。

杯酒释兵权

搞定了叛将，安抚了文臣，赵匡胤要对自己的军队动手了。

他很早就开始想一个非常严肃的问题：对国家和黎民百姓而言，军队究竟是有利，还是祸害？

从安史之乱算起，两百多年来，祸害国家、祸害黎民百姓的事，几乎全是军队干的。没有军队，国家不会如此分裂，皇帝更不会走马灯似的换，天下或许早就太平了。

但不论军队为祸多烈，国家越是动乱，皇帝越离不开军队，越想把军队牢牢捏在自己手里。从唐朝开始，每位皇帝都有自己掌控的禁军，可悲的是，五代好几位皇帝都死在自己的禁军手里。禁军在太监手里，太监就挟制皇帝，禁军在心腹手里，没多久心腹就把你踢下龙椅自己坐上去。如此不断循环。

他赵匡胤也是因为手里有禁军，才得了天下。

所以，历代靠军队夺取天下的草莽英豪，坐稳江山后要干的事，往往是先处理帮着自己打天下的手握重兵的部属。当年韩信立下盖世奇功，刘邦随便安个罪名就把他给灭了。后来的皇帝更是如此，凡是帮皇帝打下天下、自己手握重兵的，最后几乎都没有好下场。这就叫飞鸟尽，良弓藏；狡兔死，走狗烹。

现在，帮赵匡胤夺下江山的禁军兄弟，觉得自己立了盖世奇功，个个居功自傲，目中无人，他们的部属更是任性妄为，无法无天。

赵匡胤很不安，他一手拉起来的队伍，他太了解了。他们服他赵匡胤不假，唯赵匡胤马首是瞻不假，但这些骄兵悍将骄横惯了，为了自己的一点小利益，把天捅个窟窿都敢，才不管皇帝姓柴还是姓赵。

这样的毛病不治好，皇帝的宝座就会一直摇摇晃晃。

赵普多次提醒赵匡胤：这帮人该收拾了！

赵匡胤说："他们都是我的生死兄弟，他们绝对不会背叛我的！"

赵普说："他们不背叛你，我信。但他们的部下呢？万一哪天他们的部下为了自己的利益，让他们黄袍加身，逼他们当皇帝，他们能怎么办？"

赵匡胤大悟，说："你不用再说了，我全明白了！"

他自己就是被部下黄袍加身抬进开封城的啊！

但他不想对过去的生死兄弟下死手。

一是他重情重义，对跟自己一起出生入死的兄弟下不了这个手。二是他想得很清楚，弄死这些人，还会有别的人顶上去，顶上去的人站稳脚跟后，照样会做前任没来得及做的事。要从根子上解除这个威胁，就不能让他们有干坏事的机会。

现在最紧要的，还是让这些手握重兵的生死兄弟心甘情愿地交出手里的兵权。下面的事，一件一件就好办了。

这种亘古以来与虎谋皮般的超级大难题，从来都是以杀人和流血的方式来解决的。但赵匡胤要一团和气地解决它！

这天，赵匡胤退朝时，特意留下石守信、王审琦、高怀德、张令铎、赵彦徽、罗彦环等将领一起喝酒。都是些老哥们儿，当年经常凑一块儿喝酒，赵匡胤登基后，虽然规矩变了，不过大家伙一块儿喝酒的爱好还保留着。所以今天这场酒局大家都没觉得奇怪，也都像平时那样放得开，喝得很尽兴。谁会不尽兴呢？皇帝哥哥没把咱当外人，咱也得凑他这个兴，圆他这个乐！

眼看喝得差不多了，赵匡胤忽然手一挥，把在一旁站着不相干的人全支出去了，然后长叹了一口气，说："全赖兄弟们得力，才有我今天的地位，你们功不可没。可是我过得实在不开心，经常整宿整宿地睡不着觉，远没有当一个节度使舒服啊！"

这句话把在座的将领吓得酒醒了一半。石守信吓得最惨，他大惊失色，结结巴巴地问："现今大局已定，陛下天命攸归，谁还敢有异心？"

赵匡胤又叹一口气，说："你们都是和我一起出生入死的兄弟，自然不会有异心。可是，万一你们的手下想求富贵，直接把黄袍披到你们身上，你们即使不想当皇帝，到时也会身不由己吧！"

这番话的分量，在座的虽然都是武夫，但都品出来了，每个人都吓出一身冷汗。有几个当场就哭了出来，心想搞不好，这皇帝哥哥随时都会来要咱们的命！他们扑通一声全都跪下来，恳请赵匡胤指一条明路。

赵匡胤咳了一声，缓缓说道："人生在世，如白驹过隙，不如及时行乐。已经得到富贵的人，不过是多聚金钱，多多娱乐，并使子孙免于贫困就可以了。你们不如放弃兵权，到地方上去，多置良田美宅，为子孙立长远产业，同时多买些美女歌姬，日夜饮酒相欢，以终天年。我再同你们结为姻亲，君臣之间，两无猜疑，上下相安，这不是很好吗？"

这几个将领听明白了，皇帝虽然要他们交出兵权，但并不想要他们的命，还要给他们好处，个个喜出望外，连连称好，拜谢而归。

次日一早上朝，侍卫亲军司马步军都指挥使石守信就说自己有病，身体不行，请求皇上解除兵权。赵匡胤大喜，连忙答应。紧接着，王审琦、高怀德、张令铎、赵彦徽、罗彦环几个人接连上奏，都说自己有病，请求朝廷解除兵权。赵匡胤大喜，一一答应，免除了他们在禁军中的职务。这些被解除兵权的禁军将领纷纷跪拜谢恩。

赵匡胤说话算话，把守寡的妹妹嫁给了高怀德，过了几年，又把自己的两个女儿嫁给了石守信、王审琦的儿子，还让弟弟赵光美娶了张令铎的女儿。

禁军又捏在赵匡胤手中了，这回他再也不肯撒手了。他用来夺下帝位的殿前司、侍卫亲军司，他再也不会放心大胆地交到其他人手里，不论他是不是自己的心腹，或是结义兄弟。但他贵为九五之尊，也不方便直接指挥这些禁军，于是，他宣布以后不再设立殿前都点检和侍卫亲军司马步军都指挥使这两个禁军中最为关键的职位，并且把殿前司、侍卫亲军司改成殿前都指挥使司、侍卫亲军马军司和侍卫亲军步军司，将两司分成了三衙，分摊了权力。同时，让资历很浅的一些军官充任三衙的指挥官，让他们分权，谁也没有机会一人掌管全部禁军。

赵匡胤又将禁军一分为二，一半驻守京城，一半分派到全国各地。驻京的禁军，力量足以平息任何一地的反叛，而地方上的禁军联合起来，也足以制衡驻守在京城的禁军。这样相互制约，谁也不敢轻举妄动。

禁军还实行“轮戍”制，以轮守边疆的名义，每隔一段时间就调防，不让任何一支军队长时间驻守同一个地方。

这样，禁军既掌握在皇帝手中，随时可以调度出击，同时，禁军将领也没有任何机会可以私自串联合作，谋取皇帝的宝座。

杯酒再释兵权

中唐以来两百多年，藩镇成为事实上的割据政权，节度使上马统军，下马治民，掌控了藩镇从军事到民政的所有权力，他的话比皇帝的更管用。圣旨到了藩镇，经常没人当回事，但节度使跺跺脚，藩镇的地皮都得跟着抖几抖。好几任皇帝被节度使带着兵马直接从宝座上拉下来，然后节度使自己坐上去。

剿灭李筠、李重进这种兵强马壮、权力和影响力都很大的节度使，对其他节度使有很好的震慑作用。同时，禁军的强大也让赵匡胤有了制衡甚至抑制藩镇非常有效的工具。赵匡胤知道，治理藩镇的时机来临了。

剿灭了李筠、李重进叛军，赵匡胤马上开始治理藩镇，对不服从的藩镇进行打压，对服从的藩镇则采取“移镇”措施，让节度使离开现有藩镇，移守新镇，以防止长时间据守一个地方形成权力的膨胀。从前，皇帝只要移哪个节度使的镇，这个节度使就觉得是要他的命，逼急了就直接提枪上马带着人来京城抢皇位。但赵匡胤把戏做得十足，因为赵匡胤有强大禁军的支持，这些藩镇自知不是禁军的对手，对命令不敢不从，都乖乖地移到新地方。赵匡胤先后命李继勋、袁彦、杨承信、张永德、杨廷彰等节度使移镇。第二年，又命令王景、慕容延钊、韩令坤等功勋节度使移镇，进一步收回权力。

对节度使的频繁调动，使节度使离开了长期经营的根据地，也就失去了拥兵自重的机会。

接着，赵匡胤还要削弱节度使的权力，并给予监督。他向节度使驻地之外的州郡（支郡）派遣官员，让这些州郡直接受中央管理。节度使驻地衙门也派官员管理，节度使的权力被大大压缩。此外，在州府一级设转瞬通判一职，对州府官员实行监督，在县级设立县尉，负责司法、缉盗、民兵训练等事项，与县令一起对州府长官负责。

以前节度使权力过大，经常枉法杀人。赵匡胤要求凡是判处死刑的案子，都要上报朝廷，交刑部复审，杜绝节度使以一己之私消除异己。后来，又收回一般案件的审判权。

为了削弱藩镇军力，强化禁军，赵匡胤挑选精壮士兵作为“兵样”发到全国各地，让各地节度使按兵样的标准，把自己领地的精兵抽调到禁军。后来，将兵样改为“木梃”，各地征招的新兵，只要达到木梃标准，都要送到禁军中。这样，禁军的军力越来越强，而地方藩镇的厢兵，因为兵源的限制，军力越来越弱。

以前，节度使就是个土皇帝，在他的属地，财赋收入基本上都留在当地，实际上肥了藩镇，少有流出。藩镇有了钱，就会多蓄养军队，图谋不轨。赵匡胤登基后，要求各州府除计划内留用外，其余金帛粮秣都得送到京城，地方不得截留，由此控制了地方藩镇的经济命脉。

这样一来，地方藩镇基本被修理得只剩半条命，从前张狂无度的节度使们，再想问鼎皇位也有心无力了。但赵匡胤仍觉得不到位，他认为，要想长治久安，最好的办法就是裁撤藩镇。

于是，又一场热热闹闹的酒宴在皇宫后花园摆开了。赵匡胤这次请的是来京的节度使。没喝几杯，赵匡胤就拿凤翔节度使王彦超开玩笑，问他：“我当年专程去复州投奔你，你怎么仨瓜俩枣就直接打发我走了呀？”

王彦超一听，吓得不轻，赶紧跪下，说："如果当年不是我有眼无珠做了错事，恐怕陛下难有今天了！"赵匡胤一听，这王彦超倒也没有强词夺理，就没有难为他，反而哈哈大笑，说："今天君臣同饮，我很开心，说出来让大家都笑一笑。"

于是，满堂的人一起哈哈大笑起来。

接着，赵匡胤说："你们都是立过大功的人，都有功于国，但你们常年在外操劳，很辛苦，这不是我优待功臣的本意啊！"

这帮节度使一下还没回过神，没听懂赵匡胤话里的意思。只有王彦超刚才被赵匡胤这么一敲打，脑子里马上明白了皇上的意图，连忙说："我本来就没有什么功劳，受皇上恩宠已久。如今年老体弱，早就想退休回家养老了！"

赵匡胤见他上路快，很是高兴，连连点头。

另外的节度使还是没醒，心里正在为被朝廷割走的权力心疼，想让朝廷好歹给一点自留地，便一个个接二连三地讲自己当初为国家立下的功劳。赵匡胤听得不开心，不耐烦地一摆手，说："都是陈芝麻烂谷子的事了，还提它干啥？"

第二天，参加宴会的节度使全部被撤销职务，改任闲职。这些节度使早就被抽走了筋，再舍不得身上这层皮，也没啥招能想，只得乖乖就范。

第二次"杯酒释兵权"，赵匡胤干脆利落，不留任何余地。两百多年来，藩镇势力大搞地方割据，影响国家、威慑朝廷，终于被赵匡胤彻底终结。

一个让国家长治久安的政治体系基本形成。

骄兵悍将

摆平了禁军和藩镇，赵匡胤又着手解决骄兵悍将问题。五代之乱，的确是乱到了根子里。当军官可以发财更可以富贵，当兵也比做其他营生能赚更多的钱。这些人为了捞到钱，谁都不放在眼里。不论是当官还是当兵，都有自己的一套，谁要是挡了他们的财路，那就遇佛杀佛，轰走甚至干掉自己的上司都是常有的事。每攻下一座城池，都要洗劫一番。吃败仗的呢？溃逃路上，只要还拉得起一队人马，路过集镇、村庄，那也是一通抢。这样的军队谁都怕，但这样的军队，想混进来浑水摸鱼的，也越来越多，这些人，就是极难管束的骄兵悍将。

赵匡胤带兵严，不许军队抢劫，不论胜败，对百姓都要做到秋毫无犯。官兵们没有外快很不乐意，赵匡胤为了笼络他们，只好发很多很多的赏赐，这也成了平素节俭的赵匡胤很大的一个财务负担。

赵匡胤坐稳江山后，开始给这些骄兵悍将立规矩、讲道理了。

他首先将军队的握兵权、调兵权与统兵权分离。发兵之权在枢密院，天下兵籍、武官选授及军队调遣都归枢密院管辖。而士兵的选拔训练、禁卫戍守、将士的升补奖罚，则由统帅直接对皇帝负责。遇有战事，往往临时指派统兵将领。三衙的统帅，特别是殿前都指挥使，一般都不派他们率兵出征，以免他们也学自己的样子，在外面黄袍加身然后杀回来。出征的将领，统率的并不是自己平时带的军队，这叫“将不识兵，兵不识将”，仗打完了，都是哪儿来还回哪儿去，军队归殿前司、侍卫亲军马军司、侍卫亲军步军司，统帅也回他原来的本职岗位。这样相互牵制，最终的权力都集中在皇帝手里。

另外，为防止武将培植自己的私人武装，赵匡胤禁止武将设牙兵。牙兵又称亲军，是武将亲自挑选和训练的自己的警卫部队。这些牙兵部队往往是精兵中的精兵，历史上很有名的魏博牙兵，在五代时期掀起过几场惊涛骇浪。武将没有了自己的亲军部队，也就没有了野心。这个规定执行得非常严格，连开国元勋、赵匡胤"义社十兄弟"之一、殿前都指挥使韩重赟被人告发私设亲兵为心腹，也差点被处死。这个规定后来也造成一些负面影响，在宋朝军队与辽、西夏等国军队的交战中，由于领兵将领没有得力的亲军保护，而出现将领在战斗中阵亡或被俘的情况。

"义社十兄弟"在赵匡胤获取军权、登上皇位的过程中发挥了极大的作用，通过"义社十兄弟"在禁军中逐步渗透，赵匡胤在禁军中的威望和势力日益壮大。为了防止被仿效复制，赵匡胤便禁止军民男女结社，尤其是对军校之间的兄弟结社，管控非常严格。但结社是当时沿袭数百年的传统民俗，早在五代时期就大为盛行，这样的禁令，只能落在纸面上，实际效果，看看《水浒传》就知道了。

此外，赵匡胤还想出一个很特别的点子，就是在灾荒之年，在饥民中挑选强壮者充实军队，不仅增强了军力，也避免了流浪过程中，这些身体强壮的人沦为盗贼。

在他的调度下，禁军越来越强，而州府长官统领的厢军，不再进行军事训练，只服杂役，成为不能作战的役卒。面对强大的禁军，这些人自然不敢萌生异心。结果是中央可以统治地方，地方再也不敢对抗中央。中央集权强化的同时，也削弱了军队实力。

赵匡胤在以钱粮赏赐将士的同时，也用严格的纪律法度约束他们，可谓恩威并重。主要措施是“阶级之法”。

所谓“阶级之法”，就是军队内部的等级制度，要求下级必须绝对服从上级管制，不得违反。各级军校各司其职，士卒服从将校，将校服从统帅，统帅忠于朝廷，让他们不敢有犯上作乱的骄横之心。这个规定在宋朝军队中执行得很彻底，赵匡胤登基初年，便将不肯救援上司而临阵退却的二十九名军校斩首。有人私刻侍卫司官印，也是直接处死。此外还把禁军中的无赖之徒罚去服劳役。

除此之外，赵匡胤还制定了一系列军规，如不得争功邀赏，不得与人攀比衣食，外面的酒肉不得进入军营，不得赌博等，并严禁禁军士卒逃亡，满一天就斩首。派兵出征时，必先申明严禁杀掠平民。雄武军士兵曾光天化日之下在市场抢掠市民钱财，被斩数百人。

赵匡胤对禁军的训练要求非常严格，经常亲自监督禁军训练，甚至亲自教导。他还通过考核淘汰武艺不合格的士卒，将他们发配到地方兵营。失去禁军身份的士兵，不仅经济上有损失，更有损于军人荣誉。所以，禁军士卒训练非常刻苦，卓有成效。

军队在没有作战任务时，训练也非常严格，不许懈怠。赵匡胤规定，每月给军队发粮时，城东的军队到城西的粮仓取粮，城西的军队则要到城东取粮，不许雇车和人帮忙，每名士兵背负两石，以磨炼他们的体力和耐力。

他还让士卒轮戍，三年一更换，经常性的流动让将领几乎没有生乱的机会。

为了防止士卒逃亡，赵匡胤又规定在士卒脸上刺字，跟罪犯充军流放时在脸上刺字的情况近似，容易在社会上遭到歧视。所以，军人的待遇虽然十分优厚，但社会地位不高，甚至在宋朝还出现“好铁不打钉，好男不当兵”的民谚，这也影响了宋军的士气。

雪夜定策

赵匡胤这么快就坐稳江山，摆平文官，搞定禁军和藩镇，信心大增。州府由朝廷控制，赋税除自用部分外全部上交给朝廷，也让朝廷的财力大增。

到了施展拳脚的时候了！他从自己做起，做人守规矩、讲道理，但有些大事情，定规矩、讲道理之前，还得先讲拳头。

当时宋朝的疆域很小，不仅比不上辽国，也比不上南唐和南汉，比三国时曹魏的地盘都小。黄河流域，只有中原那部分，再加上江淮，这么一块局促之地，远远配不上他的雄心壮志。国家支离破碎太久了，必须有人出来扫平四海，一统河山。

一个大雪纷飞的冬夜，赵匡胤突然一个人微服出宫，步行到了宰相赵普家，这把赵普一家给吓得，赶紧从热被窝里爬起来。赵匡胤像串门一样，乐呵呵地对赵普老婆说：“嫂子，像以前那样，给我们整点小酒，弄俩小菜！”

赵匡胤登基前，是赵普家的常客，两人有着兄弟般的情谊。但赵匡胤成为九五之尊之后，那就完全不一样了，君臣之间的礼数，不能有半点差池。

赵匡胤雪夜来访，当然不是为了看望老朋友，赵普赶紧安排了一个小房间，其他人等一概不得入内。不一会儿酒菜端上来，两盅之后，赵普问："风大雪深，夜寒如冰，陛下为何独自外出？"

赵匡胤回答说："我睡不着觉啊！只觉卧榻之外，全是他人在安睡，我怎么办呢？特来看看你！"

赵普又问："陛下是否觉得我朝天下过于狭小？眼下一统四海，正是时候。陛下莫非为此而来？不知陛下如何策划？"

赵匡胤说："我想先收复并州，扫平北汉。"

赵普听了不吱声，许久才说："这个，臣不清楚。"

赵匡胤何等聪明，又问："你怎么想？"

赵普说："北汉地处西北，疆域不大，拿下应该没问题。但北汉兵马素来骁勇，要攻打它，付出的代价不会小。更大的问题是，拿下北汉后，西边蕃部和北边辽国之祸患，都要我们来承担。不如先削平南方诸国，先让北汉替我们顶着辽国和蕃部的侵扰，到时再收拾它，易如反掌！"

赵匡胤哈哈大笑："我正是这个意思，刚才只是试探你的！"

赵普大喜，接着说："我们虽然是中华正朔，但一直战乱频仍，经济发展缓慢，远不如这么多年少经战乱的南唐、吴越、后蜀、南汉等国富庶。拿下它们，它们的财富马上就可以让我们在经济上富足起来。同时，又可以增加兵源和战略物资，到时候不要说拿下北汉，被辽国占据的燕云十六州拿回来也不在话下。"

赵匡胤点头称是。赵普继续分析："当年后周世宗拿下后蜀四州和南唐江淮之地后，本应按王朴的《平边策》继续攻伐南方诸国。如此国力将大增，再取辽国占据的燕云十六州，似乎胜算更大。”

赵匡胤说：“此事我倒也清楚。后周世宗当时北伐辽国，虽然有些匆忙，但当时辽国内乱，辽国皇帝淫乱无能，国力衰弱，是攻伐的好时机。如果等到它恢复元气，到那时辽国兵强马壮，才是我大宋的劲敌啊！”

赵普说：“皇上说的是。”

在这个大雪纷飞的冬夜，宋朝先南后北的征伐策略由此形成。

为防后顾之忧，赵匡胤向南采取攻势，密切关注南方各国动向，寻找突破口；向北采取守势，分派强将精兵加强西北边境的防御。

以李汉超屯驻关南，马仁瑀驻瀛州，韩令坤驻常山，贺惟忠驻易州，何继筠守棣州，以御辽国。

以郭进驻西山，武卫琪守晋州，李谦溥守隰州，李继勋守潞州，以防北汉。

以赵瓒屯延州，姚内斌守庆州，董遵诲守环州，王彦超守原州，冯继业守灵武，以防御西北地区的党项等蕃部武装。

为了让这些武将恪尽职守，对武将控制极严的赵匡胤给这些御守边关的武将开了许多小灶，厚赏边关战士，还给予这些边帅经济上的特权，使他们有钱招募骁勇，收买间谍刺探敌情，使对方的一举一动都在掌握中，若敌方南侵，便会马上遭到宋军的迎击或伏击。这些举措，使赵匡胤得以全力对付南方诸国，而无北顾之忧。

在采取这些措施的同时，赵匡胤仍不忘给这些将领进行“心理按摩”，让他们更加忠于朝廷。

镇守环州的董遵诲，其父是后周初年的随州刺史董宗本。当年赵匡胤投奔董宗本时，受尽董遵诲的欺负，这个董遵诲后来还与韩通一个鼻孔出气，成为赵匡胤的政敌。赵匡胤登基后，召董遵诲见驾，把董遵诲吓得要死，想直接自杀以免受辱。后来被夫人劝住，只好硬着头皮来开封见驾，连官服也不敢穿，而是穿着老百姓的衣服，见了赵匡胤便磕头请死。赵匡胤见往昔趾高气扬的董遵诲如今这般怂样，心下大乐，哈哈笑道："既有今日，何必当初？你不要担心，现今正是用人之际，我赦你当初之过，为我镇守一方。"当时董遵诲的部下以为董遵诲必死，联名告发他，列了很多罪状，赵匡胤就把这件事告诉他，但未加追究。赵匡胤还把董遵诲的母亲从辽国控制的幽州接来中原，董遵诲感激涕零，誓死效命。

驻守关南的巡检使李汉超，在防御辽国方面很有一套，但他毛病也很多。他治下的两位老百姓，气得跑到京城告御状，一个告李汉超借钱不还，一个告李汉超强娶他女儿为妾。赵匡胤便将告状的两位百姓请到宫中，好酒好肉招待着。他问第一位百姓："李将军就任后，契丹人还频频入关抢劫吗？"这人答："一次也没有。"赵匡胤又问："以前契丹抢劫时，你能不能保住自己的钱财？你是被抢去的钱财多，还是被李将军借去的钱财多？"听到皇帝这么说，这人马上明白皇上的意思。皇帝给了自己天大的面子，他不敢再计较，只得告退。

赵匡胤接着做第二个人的工作，问他有几个女儿，都嫁给了什么人，然后劝他说："既然你的女儿都嫁给村野莽夫，而李将军是我倚重的大将，因喜爱你女儿才娶她，必不会亏待她。嫁给他总比嫁给村夫尊贵吧？”这个人更不敢驳皇帝的面子，也只好怏怏地回去了。

然后，赵匡胤派人给李汉超带去几百两银子，告诫他：“你缺钱，应该找我要，怎么可以向老百姓借？以后这种事不许干了！”李汉超很感动，感谢皇恩浩荡，发誓以死相报。

其他几位爱胡来的将领，见了赵匡胤处理李汉超的事，也收敛了自己的行为。

稳固西北后，赵匡胤要在南边下手了。

第八章　卧榻之侧

假道收荆湖

国策既定，赵匡胤最想下手的是后蜀，但也密切关注其他割据政权的动向，寻找突破口。

悄悄地，他在汴河边挑好一大块场地，准备造一些房子，将来给这些曾裂土称帝的诸侯们居住。

建隆三年（962）十月，割据湖南十四州的周行逢死了，他十一岁的儿子周保权继位。衡州刺史张文表乘机发动兵变，占领潭州，威逼朗州。周保权为求自保，向朝廷求援。赵匡胤求之不得，立即采取假道伐虢之计，剑指荆湖。

荆湖本是弹丸之地，只拥有荆州、归州、峡州三州，一直对中原王朝俯首称臣。赵匡胤即位后，几位统治者高保融、高保勖、高继冲相继入贡，礼数也算周到。

湖南地区在五代初年，由马殷建立楚国，后周初年被南唐所灭。后来楚国旧将周行逢起兵，占据了湖南地区，向中原朝廷称臣，被柴荣封为武平节度使。赵匡胤即位后，封周行逢为中书令。湖南十四州虽不在十国之列，但也是一个割据政权。

赵匡胤答应周保权之请，命山南东道节度使慕容延钊为湖南道行营前军都部署，枢密副使李处耘为都监，以助周保权征讨张文表之名，借道荆南进入湖南。

宋军南下后，李处耘立即遣使者向高继冲借道，并要求荆南发水军三千协助宋军南下潭州。得知宋军借道的消息，高继冲的臣僚们议论纷纷。很多人看出宋军使的是假道伐虢的诡计，主张抗击宋军。但更多的臣僚为了自己的地位和财富，反倒劝说高继冲同意宋军的一切要求。高继冲知道自己无力与强大的宋军抗衡，只好答应李处耘的要求，并派叔父高保寅去宋营犒军，探看虚实。

这天，高保寅携带酒肉，来到距荆南都城江陵百余里的荆门。李处耘向他说明宋军只是借道，并留他在军营歇息。高保寅信以为真，急忙将此信息飞骑回报。晚上，慕容延钊抱病设宴招待高保寅，却派李处耘率几千名骑兵星夜南下，直扑江陵。高继冲刚收到高保寅送来的宋军只是借道的消息，就听说宋军已到城外，只得出迎，在城北与李处耘相遇。李处耘与他略事寒暄，便告诉他主帅慕容延钊率大军马上就到，让高继冲在此等候，然后率兵马迅速从北门进入江陵城，很快控制了整个城市。在城外傻傻等候慕容延钊的高继冲，次日中午才等到慕容延钊大军的到来。这时李处耘已经控制了江陵，高继冲没办法，只得向慕容延钊请降，交出印信和图籍。

宋军就这样在高继冲犹豫观望之际，以迅雷不及掩耳之势，兵不血刃地消灭了荆南割据政权，收复了荆南三州共十七县。

恰在这时，周保权的军队已经攻入潭州，杀死张文表，平定了这场反叛。听说宋军已经到达荆南，连忙遣使臣到开封，请赵匡胤收兵。但请神容易送神难，赵匡胤命慕容延钊不得停留，继续向湖南进军。慕容延钊调集荆南兵马万余人，与宋军一起南下。周保权吓坏了，急忙与群臣商议。大多数人请求投降，说能保周保权富贵。但武将张从富力主抵抗，并严守关隘，凿沉船只，阻塞河道，挡住了宋军先锋。宋军先锋立即把情况汇报给赵匡胤，赵匡胤立即遣使赴湖南劝降，说："你们请朝廷救你们，所以我们派出大军前来平叛，现在叛军灭了，你们怎么可以反过来拒绝王师，自取灭亡，还连带百姓遭殃呢？"

这种挥着大棒说出的大道理，实在是强词夺理。周保权很无奈。于是慕容延钊兵分两路，水陆并进。水师沿着长江下岳州，在三江口大破湖南军；陆路由李处耘率领，在澧州城南大破张从富统率的湖南军。谋士出身的李处耘为了吓唬敌人，挑了数十个俘虏杀了，然后在一部分俘虏脸上刻字，再放回朗州。这些俘虏回到朗州，把这些事一说，守城的士兵们都吓坏了，纵火把城给烧了，然后逃入深山。宋军长驱直入占领朗州，抓了周保权。这个割据湖南的政权从此解体，宋朝又获得十四州六十六县的土地。

收复荆湖，首战告捷，朝廷上下群情激奋。但领军统帅慕容延钊与监军李处耘，却发生了不可调和的矛盾，两个人在手下的挑唆下，不断向赵匡胤告状，弹劾对方。

慕容延钊是赵匡胤心腹大将，曾任殿前都点检，权倾一时。后来在赵匡胤杯酒释兵权中被削去要职，但仍是军中影响力很大的宿将。李处耘是赵匡胤的核心幕僚，资格比赵普都老，在陈桥兵变中立下汗马功劳，也是位高权重。面对相互攻讦的这两个大人物，赵匡胤还是偏向了慕容延钊，没有处罚慕容延钊，但把李处耘由宣徽南院使兼枢密副使贬为淄州刺史。

慕容延钊虽然未受处罚，但他本来就是抱病出征，在这场争斗中耗尽心神，以致在年底因病去世。

其实，李处耘与慕容延钊闹僵，是因为慕容延钊治军不严，他手下的兵侵扰百姓，李处耘依法依军纪严惩，无可厚非。李处耘在收复荆湖之战中屡立战功却受到处罚，不少人为他鸣不平。但李处耘自己却噤若寒蝉，不敢为自己置一词。这是因为，谋士出身的他对形势看得非常清楚，自己为皇上扫平四海立下首功，堪称不世之功，以赵匡胤的豪迈大气，是一定要大赏的。但以自己目前的职位，这一赏就得拜相，所以一定是有人在赵匡胤跟前进了谗言，以致有功不赏，反而受罚。

而能在赵匡胤面前进谗言，又不被赵匡胤识破，进而影响赵匡胤决策的，目前只有赵光义和赵普能做到。他李处耘如果升为宰相，将大大削弱赵普的权力。对赵光义而言，李处耘作为赵匡胤的核心幕僚，拜相后将进一步增强赵匡胤的实力。赵光义如果对这个有异议，目的是什么，他李处耘连想也不敢想。所以，他乖乖地认了赵匡胤对自己的处罚。

一统天下的进程虽然迈开了大大的一步，但宋朝核心层的矛盾也发芽了……

后蜀之乱

收了荆湖，接下来轮到后蜀。后蜀真配合，听说赵匡胤三下五除二收了荆湖，吓得不行。后蜀国主孟昶赶紧给北汉写信，约定同时攻宋，让宋军首尾不能兼顾。这样后蜀就能占领关中之地，原来被柴荣抢走的四州，也能收回来了。

这封信包在蜡丸里，孟昶让使者穿过宋朝地界，送往北汉。谁知跟着使者的军校直接杀了使者，投降宋朝，向朝廷交出了蜡丸书。

赵匡胤正愁没有征伐后蜀的理由，看到蜡丸书，乐得不行，马上号令三军，直取后蜀。

孟昶割据四川，得天府之国之地利，再加上陕西汉中地区也是富庶之地，所以财力雄厚，最风光的时候，甚至有问鼎中原的想法，想联络北汉和南唐干票大的，还专门成立了一支针对后周的部队，叫“破柴军”。结果，后周一出手就收了他四个州，他那个还没怎么吹大的气泡，被柴荣轻轻一戳就破了。

其实后蜀小朝廷还是明白人多，大家都知道自己根本不是大宋的对手，所以主张讲和投降的占了大多数。但也有不少不知利害的，主张跟宋军干到底。孟昶心里也一百个不情愿，不想低声下气向赵匡胤俯首称臣。毕竟四川地势险要，关隘重重，自古军队入川，都非易事，不是自关中越秦岭进川北，再过剑门入四川盆地，便是走水路由湖北经三峡到川东，三峡到处是激流险滩，大军溯流而上，实非易事。而这两条线，孟昶都布了重兵。

赵匡胤以后蜀勾结北汉共谋犯宋的理由，发兵六万，分北、东两路征讨。北路以忠武军节度使王全斌为西川行营凤州路都部署，侍卫亲军步军都指挥使崔彦进为副都部署，统率步骑禁军二万，诸州兵卒万余人，自凤州沿嘉陵江南下。东路以侍卫亲军马军都指挥使刘光义为西川行营副都部署，枢密承旨曹彬为都监，统领步骑禁军二万，自归州溯长江西进，两路兵马分进合击。

同时，赵匡胤准备好的那块地也派上了用场。他命人在汴水河畔为孟昶修建了一座住宅，大小房屋有五百余间，备好日常生活用具，只等孟昶投降后在此地居住。这也是一种心理战，预示宋军必胜。

出征前，赵匡胤在崇德殿为出征诸将设宴饯行，告诉他们征伐方略，并督促诸军要严守军纪，不得袭扰百姓。最后还勉励将士，凡是攻城拔寨，除兵器、盔甲、粮草需登录在册外，所有钱帛财物全部赏赐战士。

主持后蜀军政大权的王昭远是个牛皮大王，他以为读过几本兵书就盖世无双，是诸葛亮再世，对前来送行的宰相李昊夸下海口，说："你就看着我大破宋军，直取中原吧！"

很快，宋军进入后蜀地界，旗开得胜，连克兴州外围许多寨点，不久攻克兴州。后蜀招讨使望风而逃，宋军挥兵挺进，后蜀招讨使和招讨副使同时被擒，蜀军伤亡惨重，余部退守葭萌关，烧毁栈道，阻止宋军。

牛皮大王王昭远统率蜀军主力驻扎利州。因栈道已毁，王全斌命部分士兵抢修栈道，自己率主力绕小道迂回前进。不久，两部军队会合于嘉陵江渡口，突破嘉陵江蜀军防线。蜀军精锐三战皆败，于是烧毁桥梁退守剑门，宋军占领利州。

王全斌的捷报传到京城时，开封已是大雪纷飞，天寒地冻。赵匡胤为了御寒，在大殿中围了个小房间，还穿上了貂裘。他看到战报非常高兴，马上脱下身上的貂裘，派人快马送给前线的王全斌，并说："我如此穿戴尚觉寒冷，西征的将帅何以御寒？”王全斌收到貂裘，感动得涕泗横流，发誓用更大的胜利报答皇上。

孟昶见蜀军节节败退，慌了手脚，命太子孟元喆统领万余兵马支援剑门。孟元喆根本不懂军事，一副公子哥派头，带着成群姬妾和优伶戏子同行，一路上欢歌笑语，游山玩水，却不知前线已是火烧眉毛了。

剑门天险，一夫当关，万夫莫开。王全斌命先锋史延德率奇兵翻山越岭，从小路渡江迂回到剑门以南二十里的清强店，与主力南北夹击剑门。蜀军没想到宋军会出现在剑门以南，纷纷弃寨而走。王全斌率精兵猛攻剑门，守关蜀兵一哄而散，宋军乘胜追击，占领剑州城，自诩“诸葛亮再世”的王昭远束手就擒。这时太子孟元喆率领的援军才走到绵州，听说剑门失守，惊慌失措，一路焚烧房屋，逃回成都。这种小伎俩如何能拦得住宋军？在王全斌带领下，宋军势如破竹，很快抵近成都。

东路军在刘光义的率领下，溯江而上，突破重重天险关隘，连克万州、开州、忠州、遂州等地，从东面逼近成都。

孟昶在后蜀政治不稳、军无斗志的情况下，只好向宋军投降。宋军从出师到灭后蜀，前后只用了六十六天，后蜀积累近四十年的财富，尽归宋朝所有。

眼看结局圆满，但赵匡胤那句“财帛金钱，全数赏赐将士”，在这时惹了乱子。王全斌是个好将军，但治军不严，对下属管理十分宽松。拿下成都后，士兵肆无忌惮地抢掠钱财、妇女，他自己也从后蜀府库中取出十六万贯铜钱自用。部将王继涛奉命押送孟昶一行去开封，一路上勒索钱财，终于导致后蜀降兵在押送途中哗变，他们推举原蜀将全师雄为首领，攻克彭州，占领不少战略要地，反过来又包围了成都。附近州县纷纷响应，很快发展到十余万人，打下了十七个州。当时成都尚有后蜀降兵二万七千人，王全斌害怕他们作为内应，就将这些降兵骗入夹城全部诛杀。这使得乱兵抵抗更为坚决，宋军为此付出沉重的代价，直到两年后，才将这次叛乱平息。

赵匡胤为严明军纪，惩处对后蜀叛乱负有责任的将领。主帅王全斌按律当斩，但赵匡胤放了他一条生路，只是贬官，令其退还赃款。副帅也跟王全斌一样，仅作降职处理。

这就是赵匡胤的胸怀和见识，既要严明军纪，又要留住人才，为天下做出表率。孟昶刚投降时，监军曹彬就向赵匡胤密奏，建议杀掉孟昶及其僚属，以免后患，被赵匡胤批为“雀儿肚肠”。宰相赵普也曾为他拟了一份赵家贫贱时欺负赵家人的名单，提醒赵匡胤寻机清除这些人，赵匡胤看也不看，就把这份名单给烧了。他就是以这种豪迈、豁达的气度，慑服文武百官，同时安抚那些被灭国的旧臣和百姓之心。

掌控局势后，赵匡胤尽量不杀人，宽徭役，减赋税，与民休息，以自己平和、仁慈之心，换来全天下的心平气和、满堂和气，构建真正的太平盛世。

取南汉

接下来轮到南汉了。

南汉现在的皇帝叫刘张，怕被谋朝篡位，他任命的官员必须先行阉割，因为他认为没有子嗣的官员才会对他忠诚。他不但把政事交给宦官，连宫女也被任命为官员参政，朝政乱成一团麻，防御也形同虚设，城墙、护城河装饰成宫殿和水塘，楼船战舰、武器盔甲，大都腐朽了。

这次任宋军主帅的是潭州防御使潘美，副帅是朗州团练使尹崇珂。他们率潭、朗等十州之兵，自郴州向西，避开骑田岭、萌渚岭险道，直插南汉中部地区。

宋军先攻克富川，歼灭南汉军万余人，并占领白霞，围了贺州。南汉后主刘𬬮急忙派大将伍彦柔率舟师万余北上救援。潘美得知后，令全军佯退二十里，设伏于南乡。南汉援兵到达后，弃船登岸，便遭到宋军的突袭，死伤惨重，主将伍彦柔被杀。潘美继续包围贺州，贺州遂降。

接着，潘美使计引诱南汉主力北上，先散播消息，扬言要顺贺水东下，拿下南汉都城兴王府。刘𬬮信以为真，十分恐慌，起用宿将潘崇彻为马步军都统，统兵三万进驻贺江阻截宋军。潘美先清除侧翼，攻取昭州、桂州、连州，潘崇彻却观望不战。等到潘美直逼韶州时，刘𬬮又急忙派都统李承渥领兵十余万，列阵于莲花峰，集中军中的象兵布于阵前，每头大象驮载十余名武士，手执兵器，向宋军推进。早有准备的宋军以拒马设置障碍，集中弓弩向象阵猛射。大象中箭后，受到惊吓，掉头向南汉军狂奔，南汉军阵势被冲了个七零八落。宋军乘势追杀，大败南汉军队，斩杀数万人，攻占了韶州，接着连克雄州、英州，守在贺江口的南汉大将潘崇彻不战而降。

吃了这么多败仗，南汉后主刘𬬮却像没事人一样，对侍臣说：“这些州本来就是湖南的，宋军拿去后，肯定满足，不会再来了！”但宋军已经完全打开了南汉大门，难道会折返身再退回去吗？刘𬬮只得收集前线溃退回来的士兵，再加上其他部队，勉强凑成六万兵马，令大将郭崇岳、植廷晓统率，在广州以北百余里的马迳筑垒，以拒宋军。潘美统兵指挥，涉水打败南汉植廷晓所部，火攻南汉军用竹编成的栅垒，大败南汉军队。

一直醉生梦死、不知兴亡为何物的南汉后主刘𬬮终于知道自己陷入了绝境。他将妃嫔和金银财宝分装了十余艘海船，准备逃到海外去，结果这些海船连人带财宝都让宦官偷偷带走了。绝望之中，他下令放火焚烧府库宫殿。第二天，宋军兵临城下，刘𬬮出城投降。

南汉割据政权被消灭后，宋朝收复了整个岭南地区。

接着，潘美遣人将刘𬬮等南汉君臣送去京城开封。赵匡胤用布帛系着刘𬬮的脖子，去太庙举行献俘仪式，并历数南汉君臣之罪，处死南汉执政大臣龚澄枢等人，但赦免了刘𬬮，任命他为右千牛卫大将军，封恩赦侯。

刘𬬮住进赵匡胤特意为他建造在汴河畔的房子，仍不失奇葩本色。有一次，赵匡胤在讲武殿宴请群臣。刘𬬮兴冲冲地来了，赵匡胤便随手将手里的一杯酒赏给他喝，这下把刘𬬮给吓得，“咚”的一声就跪下了。刘𬬮以前经常赐毒酒给他看不顺眼的大臣，用这招毒死了很多大臣。现在轮到他接赵匡胤赏赐的酒，以为赵匡胤也要毒死他，便跪在地上，哭着说：“臣继祖业，抗拒朝廷，劳师远征，其罪固当一死，陛下不杀臣，令见天下太平，愿苟延旦夕之命，以成全陛下不杀之恩。臣不敢饮此酒。”赵匡胤见他说得一套一套的，明白刘𬬮以为自己要毒死他，不禁哈哈大笑，说：“我以赤心待人，怎么会有此事？”说完叫人把酒拿回来，一饮而尽，再另外赐了一杯酒给刘𬬮。刘𬬮窘得满脸通红，恨不得从地上找一条缝钻下去，仰脖喝下杯中酒，再三顿首，谢过皇恩。

后来，刘铩就靠自己一张嘴皮子混日子，好一副油嘴滑舌，总能讨得帝王的欢心。赵光义继位后，南唐后主李煜、甚至从来没有反抗过的吴越国王钱俶都被他一杯毒酒弄死，唯独这个刘铩能讨得他的欢心。在赵光义征北汉的饯行宴上，刘铩与其他降王都参加。刘铩对赵光义说："四方降王今天都在座中，要不了多久太原刘氏也要到了。我来得早，资历老，到时请给我一个降王之长当当。"说得赵光义眉开眼笑，赏给他很多财物。他就靠这一套得以善终，死后还被追赠为太师、南越王。

平南唐

南唐早就吓得簌簌发抖了。

原先，他们仗着富甲天下、地广人多，也曾有平定中原的梦想。但柴荣三征淮南，收复淮南十四州后，南唐国力顿减，雄心壮志烟消云散，南唐后主、大词人李煜就只想在江南富贵乡里醉生梦死了。

不幸的是，他遇上了雄才大略、壮志凌云的赵匡胤。眼看着赵匡胤横扫六合，把荆湖、后蜀、南汉一个个收拾了，就像听到宋军千军万马直扑过来的马蹄声。于是，他一个劲地对中原伏低做小，每年进贡大量的钱财和物资，同时还得大量扩充军备，这样一来，南唐的国力渐渐衰弱。

赵匡胤一边笑纳南唐的贡品，一边进行着征伐南唐的准备。

公元971年，南唐后主李煜派弟弟李从善来开封朝贡，请求把国号从“唐”改为“江南国”，自称“江南国主”，赵匡胤答应了李煜的请求，并把李从善留在开封。这一留又吓着了李煜，赶紧把国主的“诏”贬为“教”，将诸王降为国公，把所有的官职全部降格，想以此让宋朝放弃吞并的企图。但宋朝收复荆湖、后蜀、南汉后，国力大增，胃口也跟着大增，收复南唐的时机已经成熟。

从972年起，赵匡胤屡次要求李煜来开封朝觐，李煜哪里敢来？每次都“称疾不行”，但每年进贡的钱财也增加许多。

但南唐内部也并非一边倒想投降，有些将领就坚决主张跟宋朝对着干，比如骁勇善战的将领林仁肇，就是一个强硬的主战派。

林仁肇外号“林老虎”，有他在，赵匡胤不可能顺利收复南唐。于是，赵匡胤想了一个招，先派人去江南，把林仁肇的画像窃来，悬挂在宫中别殿。这天，赵匡胤特意把李煜的弟弟李从善叫来宫中，带他参观宫殿，故意指着画像问李从善像谁，李从善说像是江南林仁肇。赵匡胤说，林仁肇要归顺了，先寄画像来作为信物，又指着一座空宅子，说：“此宅赐予林仁肇。”李煜很快就知道此事，然后赐给林仁肇一杯毒酒，把他害死了。

搬了这块石头后，赵匡胤还给李煜扎了一根暗桩。李煜信佛，经常和皇后一起换上僧衣，诵读经书，顶礼膜拜。赵匡胤精心挑选一名口齿伶俐、聪明善辩的少年，剃度为僧，然后下江南拜见李煜。李煜和这个少年讨论禅理，非常投缘，以为是真佛出世，便赐给他尊号“小长老”，成天与他念经拜佛，研讨禅理，对国家大事更加懒得关注了。

赵匡胤在吞并荆湖时就收罗了大批精通造船和水战的人才，一直在开封建造战舰，训练水师。但长江水面宽阔，靠建造的这些船舰将大量兵马运到对岸，需要花费很长时间，能否快速集中兵力，是渡江作战的成败所在。这时，南唐一位名叫樊若水的落第秀才帮了他。这个樊若水因为在南唐不得志，决定归顺宋朝，就在采石江上，以钓鱼作为掩护，坐小船反复测量江面的宽窄深浅，获得数据后，来到开封，给赵匡胤献上在江面搭浮桥之策。赵匡胤大喜，力排“自古长江不能建浮桥”的众议，下令建造大舰和战船数千艘，作为在长江搭浮桥之用。

做好准备后，赵匡胤便命令李煜来开封觐见。李煜哪肯束手就擒，还是“称疾不行”。于是，赵匡胤便给李煜安了个“倔强不朝”的罪名，命宣徽南院使曹彬为升州西南面行营马步军战棹都部署，山南东道节度使潘美为都监，发兵十余万，战船数千艘，联合吴越国，五路并进，直逼南唐。

曹彬与侍卫亲军马军都虞候李汉琼自江陵顺流东进，攻取池州以东长江南岸各要地，直指金陵。

潘美与侍卫亲军步军都虞候刘遇率步骑兵集结于和州，准备在和州与采石之间渡过长江，会合曹彬合攻金陵。

这两路为主力，东路水军与吴越军为助攻，从东面牵制南唐军，西路王明一军牵制江西方向的南唐军。

曹彬率水军出江陵，数千艘战船顺江而下，满载架设浮桥的巨竹、绳索。这时南唐在湖口有十万屯兵，但他们以为宋军只是例行巡江，所以闭关不出，让曹彬顺利通过湖口。曹彬一路进击，到达采石，大破南唐军，控制了采石矶要隘。曹彬先让工匠在石碑镇试搭浮桥，在数千艘战舰上用巨竹、绳索搭接浮桥。搭建成功后，将浮桥移至采石矶，集结于和州的潘美所部马步军数万人从江北顺利过江。

主力过江后，宋军水陆并进，很快进逼金陵，其他三路大军也接连告捷，分守各地的南唐军队各自为战，被各个击破。

金陵城还有十多万南唐水陆大军，背靠金陵城列阵防守。潘美不待船只齐备，即令步骑兵涉秦淮河强攻。大将李汉琼以大舰满载芦苇，对南唐水寨实施火攻。南唐军大败，退入城中。

南唐又派兵出击，想破坏采石矶浮桥，结果被潘美击败。

宋军兵临城下，李煜还以为金陵虎踞龙盘，易守难攻，把兵权交给一个花花公子皇甫继勋，自己仍在宫中谈经论道，直到有一天到城上巡察，才发现金陵被围得水泄不通，急忙派能言善辩的文臣徐铉急赴开封求饶。徐铉洋洋洒洒说了一大通，赵匡胤早不耐烦了，按剑喝道："休得多言！江南有何罪？只有天下一家，卧榻之侧，岂容他人安睡！"

曹彬围城后，按照赵匡胤"使自归顺，不须急击"的指示，不急于攻城，想用长期围困的办法，迫使李煜投降。但李煜还是不肯，甚至在宫中堆起柴草，扬言城破时全家赴火自焚。

收到赵匡胤严令宋军不得杀掠百姓的命令后，曹彬下令攻城，被围近一年的金陵很快被攻陷。宋军进城后，李煜却没了自焚的勇气，乖乖带着大臣出宫投降，被押解到开封。

南唐从此灭亡。

李煜被押到开封后，大臣建议像对待刘鋹一样，把他牵到太庙举行献俘仪式。赵匡胤说："李煜曾臣服于我，与刘鋹不同。"赵匡胤给他封了个右千牛卫上将军、违命侯，并让他住到了专门为他建在汴河畔的房子里。赵匡胤一直没有为难他，直到赵光义继位后，李煜才因一句"小楼昨夜又东风，故国不堪回首月明中"，被赵光义用鸩酒毒死。

吴越归宋

吴越国也很富。

吴越由钱镠在唐天祐四年（907）所建，定都杭州。后梁时，钱镠被封为吴越王，传五世至钱俶，一直以"善事中国""保境安民"为国策。钱镠临终时，嘱咐子孙"度德量力而识时务，如遇真主宜速归附"，所以吴越一直奉中原王朝为正朔，从未称帝。赵匡胤登基后，吴越王钱俶马上遣使向赵匡胤称臣纳贡，十分恭顺。赵匡胤对他也十分礼遇，封他为天下兵马大元帅，同时也利用他来牵制南唐。

钱俶为表忠心，也为了吴越全境百姓的安宁，很大方地拿出大量钱物，不断派儿子前往开封纳贡，以求得赵匡胤的欢心。

宋朝准备征伐南唐时，赵匡胤让入贡的吴越使臣转告钱俶："我要发兵征讨南唐，吴越王应抓紧训练兵马以助我，不要受别人'唇亡齿寒'的鬼话所蛊惑。"这还不算，他还建了座豪宅，说："我几年前就叫翰林学士写好诏书，命此宅为礼贤宅，南唐国主和吴越国王，谁先来朝见，这宅就是谁的！”钱俶赶紧遣使，带着厚礼入朝。赵匡胤十分高兴，赐了很多礼物，并把攻打南唐的计划告诉钱俶，要吴越国军队配合宋军，夹击南唐。

但要不要对南唐出兵，吴越国内部争议很大。丞相沈虎子就是主要的反对者。他说：“南唐隔在中原与吴越之间，正好作为我国的屏障，宋军如果拿下他们，我们怎么办？”南唐国主也给钱俶写信说：“今日无我，明日岂有君？天子一旦将封地转移，王亦大梁一布衣耳。”唇亡齿寒，钱俶岂能不知，但他更知道，即使南唐和吴越两家合起来，也远不是宋朝的对手，到时候下场只会更惨。何况南唐与吴越相邻，几十年来摩擦不断，好多次大动干戈，相互视为世仇，不可能同心协力一起对抗宋朝，吴越只有依附宋朝这一条路。于是，他罢免沈虎子的丞相之职，并将李煜的信送给赵匡胤，决定倾力出兵协助宋军灭掉南唐。

赵匡胤任命钱俶为升州东南面行营招讨制置使，并派遣宋将丁德裕率一千精锐骑兵为前锋。宋吴联军数万人围攻南唐重镇常州，接连攻下常州、利州、润州等南唐城寨。

南唐灭亡后，赵匡胤召吴越王钱俶到开封觐见，答应他觐见后仍可回杭州，并表示当皇帝的不会食言，请他放心。事到临头，钱俶没得选择，不放心也得放心。春节刚过，他就带着王妃和儿子一起，带上极其丰厚的钱物，赴开封觐见。吴越国百姓对钱俶这趟生死莫测的远行甚是担忧，特地在杭州西湖边的宝石山上建造了一座佛塔，取名保俶塔，祈求他平安归来。

赵匡胤对钱俶的觐见非常重视，特地派皇子赵德昭前往迎接，并按约定将礼贤宅赐予钱俶，多次在皇宫设宴款待。

钱俶向赵匡胤献上一条宝犀腰带，十分珍贵。赵匡胤接了，笑着说：“我有三条玉带，与这条完全不同。”钱俶忙问那三条什么样。赵匡胤说：“汴河一条，惠民河一条，五丈河一条！”钱俶一听，对赵匡胤的胸襟大为佩服。

有一次，赵匡胤在宫中设宴款待钱俶。内宫乐伎演奏琵琶曲时，钱俶当场献词一阕。其中有这样一些词句：“故国山川空泪眼”“心将碎”“离恨绵绵”“春日如年”。这些词句，赵匡胤岂能听不明白，特别是“金凤欲飞遭掣搦”，摆明了就是说“我想回去啊，可是走不了”。赵匡胤动了感情，离座来到钱俶身旁，拍着钱俶的背，说：“我誓不杀钱王！”钱俶很是感动，表示要将吴越国全境献给宋朝，但赵匡胤说：“尽我一世，尽你一世！”这意思是说，我这一世，绝对不会动你；你这一世，一定能稳稳地做你的吴越王！

赵匡胤这样的胸襟、气度和仁厚之心，很是让人感佩！后来他的继位者赵光义，也是面对一位国主、一阕词，那阕词不过只说了“小楼昨夜又东风，故国不堪回首月明中”，思念故国的情绪，李煜比钱俶表达的轻多了，却被赵光义赐酒一杯，了却残生。

赵匡胤要去西京洛阳巡察，钱俶请求同行，赵匡胤未允，说：“南北风土有异，眼看天要热了，你早点回去吧！”钱俶当即磕头如捣蒜，请求每三年来朝觐一次。赵匡胤却很体谅他，说：“山川远隔，来一趟不容易，待有诏命时再来吧！”

这时宋朝群臣纷纷上书，要求把钱俶留下，让他交出吴越国土，赵匡胤都没答应。钱俶临行前，赵匡胤交给他一个包裹，叮嘱他在路上再看。钱俶在路上打开一看，全是宋朝群臣请求扣留自己的奏折。钱俶感动之余，也明白宋朝收复吴越是迟早的事，他不可能独立于中原长期在东南割据。

赵匡胤去世后，钱俶再次带着巨额钱物，入京觐见皇上。但这次的皇帝赵光义就没那么好说话了，虽然对待钱俶也很热情，却压根不提让钱俶回去的事。钱俶反复上书，请求了三十多次，赵光义一次也没回复他。这时，割据福建漳、泉二州的陈洪进，亲自来开封觐见，交出了漳、泉二州的土地。整个南方只剩下吴越还处于割据状态，没有回归中原。钱俶知道再无回旋余地，只得依从赵光义的意思，将吴越国十三州“三千里锦绣江山”和“十一万带甲将士”悉数献出，使吴越国和平归入宋朝，也保全了吴越国长期维持的富足安康的局面。

为了表彰钱俶的忠诚，赵光义“申誓于山河”，发誓永保钱氏子孙富贵。钱俶先被封为淮海国王，后改封为汉南国王、南阳国王、许王、邓王等。对于抵达开封的近三千钱氏族人，赵光义让他们“文武自择其官”，被授予官职者近千人。钱俶之子钱惟演还被宋朝擢升为枢密使，位居显贵，让其他割据政权的后裔望尘莫及。到北宋末年，散居全国各地的钱氏族人多达万人，数百年时间里，钱氏人才辈出，成为旺族。

但是，钱俶的结局却依然凄惨，尽管他一直受到赵光义的善待，最终却和另外几个归降的国主一样，在饮下赵光义钦赐毒酒后暴毙。

第九章　最讲道理的皇帝

三伐北汉

十国中，北汉尽管地域狭小，物产微薄，但一直是个刺儿头。它的都城太原城池坚固，民风剽悍，军队的战斗力一直不弱。北汉国主还一直学着“儿皇帝”石敬瑭，对契丹辽国称臣，称“儿皇帝”“侄皇帝”，每到危急时刻，总能从辽国得到支援。从后周开始，中原朝廷一直将其视为劲敌。

赵匡胤御驾亲征平定李筠叛乱后，本想借大胜之余威，一举扫平北汉。但大将张永德却认为有害无利，建议每年只派小股部队袭扰，干扰北汉的农业生产，使他们本就微薄的物产再受影响，不能形成发动战争的资源储备，然后再派间谍离间辽国与北汉的关系，以断绝后援，再寻机歼灭。赵匡胤认同他的看法，并在这个基础上，与赵普商定了先南后北、先易后难的统一方针。

就在先南后北、先易后难的计划进展顺利时，北汉突然发生了内乱。宰相郭无为谋害了北汉国主刘继恩。刘继元继位后，与郭无为也产生了矛盾冲突，而郭无为为了给自己留条后路，与宋朝勾连。北汉乱象频仍，赵匡胤认为有机可乘，马上任命昭义军节度使李继勋为河东行营前军都部署，侍卫亲军步军都指挥使郭进为副都部署，率领河东诸州精兵分潞州和汾州两路，北征太原。

刘继元刚即位，宋军已进入北汉境内，连克北汉军寨，进逼太原城下。同时，赵匡胤又施展软的一手，遣使持诏书指示刘继元投降，答应他投降后授平卢军节度使，并赐宰相郭无为以下四十多位大臣高官厚禄。郭无为扣下赵匡胤给四十多位大臣的诏书，只拿出给刘继元的那份。没想到刘继元一口拒绝，一边备战，一边向辽国求援。

契丹辽国这时与北汉矛盾已经很深，但并不想让宋朝灭了北汉，因为这样一来，宋朝军事实力将更加强大，所以二话没说，马上出兵增援北汉。此时宋军已经在太原夺取了汾阳桥，焚烧延夏门，但因为太原城池坚固，北汉守御顽强，宋军久攻不克。契丹军队出动后，李继勋担心腹背受敌，便引军而退。北汉和契丹联军来了个反冲锋，一直追宋军到晋、绛二州，将这一带抢劫一空。

赵匡胤不甘心第一次北征失败，于开宝二年（969）二月再次御驾亲征。他先遣曹彬、党进等大将率军杀奔太原，再遣李继勋、赵赞等率精兵跟进，自己亲率大军随行。

同时，赵匡胤吸取上次的教训，分派韩重赟、何继筠分守北面和石岭关，防止辽国增援北汉。他叮嘱韩重赟："契丹听说我亲征，一定会率军来援，他们定会以为镇州、定州一带没有防备，会从这里经过。你率军倍道而行，出其不意破之。"后来，契丹兵果真如赵匡胤所料，南下定州袭扰宋境，被韩重赟迎头痛击，大败亏输。

这时，老天爷却跟宋军作对，由于大雨不断，宋军被迫在潞州停留了十八天才来到太原。赵匡胤命李继勋、赵赞、曹彬、党进从四面攻击太原，再分派其他将领攻击北汉其他州县。

但宋军的凌厉攻势，却受到北汉大将刘继业的顽强抵抗，一时难有进展。这刘继业就是后来名闻天下的杨家将中的杨老令公杨业。此人骁勇善战，颇有谋略，在北汉与契丹的多次对抗中，大败契丹军队，声名远扬。但面对战斗力超强的宋军，刘继业却没占到任何便宜。他先是在城西与赵赞、李谦溥的战斗中惜败，又在城东与党进的战斗中吃了大亏，一直被追到城下，狼狈地攀着绳篮逃入城内，差点当了俘虏。同时，辽国两路援军受到韩重赟、何继筠的阻击，纷纷吃了败仗，无法前来增援。但即使如此，北汉军队的守御依然严整。

赵匡胤采纳部属建议，决定引汾河水淹太原城，使太原城成为一片泽国。在大水的冲击和浸泡下，太原城南一处城墙坍塌，宋军乘着小船发起猛攻。不料陷入困境的北汉将士更为顽强，拼死抵抗，宋军争先恐后往城墙豁口冲击，顽强的北汉将士拼死守住，双方死伤惨重。

经过四个月的苦战，双方仍处于胶着状态，这时又传来辽国再发大军前来增援的消息。形势的发展对宋军越来越不利，虽然有损天子威名，赵匡胤还是准备撤兵。这时，渴望建功立业的殿前司武将一齐请战，愿以死相拼，拿下太原城。这是赵匡胤一手培养起来的精兵，他可不想这些精兵无端送死，便对他们说："你们都是我亲手训练出来的，无不以一当百，所以一直护卫我左右，我宁可不得太原城，也不肯让你们迎着锋刃去必死之地！"众将士感激涕零。

赵匡胤下令撤军，并让太原城外的一万多户北汉百姓，随宋军一起，南返中原。

北汉经此一战，元气大伤，国家实力进一步削弱。

而赵匡胤不得不重新回到先南后北、先易后难的方针上，等灭了南唐，基本完成南方统一后，才将目光重新转到北汉。开宝九年（976），他命令党进、潘美、杨光义、郭进等，兵分五路，开始第三次攻伐北汉。宋军一路上进展顺利，党进率宋军主力到达太原城下，大败北汉军数千人。眼看胜利在望，这时赵匡胤却在“烛影斧声”中离奇去世，接掌皇位的赵光义下令撤军，宋军这才草草结束第三次征伐北汉的战斗，无功而返。

虽然赵匡胤三征北汉都未能成功，但也给了北汉致命的打击。经过三次征伐，北汉所属的军队只剩不足三万人，人口也只剩三万五千户，已经不能对宋朝构成威胁。而宋朝灭掉北汉，只剩下时间问题。

太平兴国四年（979），赵光义派大将潘美兵分四路围攻北汉，另派骁将郭进驻扎白马岭，击溃辽国援军，辽国大将耶律敌烈战死。四月，赵光义亲至太原城下督战，将太原城围得水泄不通，断绝城内一切供应。孤立无援、穷途末路的北汉国主刘继元只好开城出降。

燕云十六州

赵匡胤亲自培训出来的二十万禁军纵横天下，唯一的对手是辽国的契丹骑兵。契丹是活跃于草原的游牧民族，生活在马背上，一得号令，旋风般闻风而聚，可谓全民皆兵。契丹的重装甲骑兵作为常备军事力量，战斗力极强。

其实五代时期的中原军队由于连年作战，单兵素质很高，整体战斗力也很强，在与契丹军队的战斗中，互有胜负。但石敬瑭为了一己之私，将燕云十六州拱手送人后，中原失去战略屏障，无险可守，契丹占尽地利，这才对中原形成威胁。

失去燕云十六州后，中原自后晋开始，吃够了契丹人的苦头。“打谷草”是契丹抢掠中原的经常性动作，八百里河北平原无险可守，任由契丹骑兵横冲直撞，抢劫财物、人口，中原百姓深受其苦，朝廷也深受其害。

柴荣当年立志收复燕云十六州，当时作为殿前司主要将领的赵匡胤参与了从谋划到出征，再到柴荣因病班师的全过程。赵匡胤和柴荣一样，以扫平天下、统一国家为己任，当然不会对被辽国占据多年的燕云十六州不闻不问。

赵匡胤三征北汉，虽然都无功而返，但宋朝灭掉南方所有割据政权后，实力大涨，小小北汉实在不足为虑，收复只是时间问题。赵匡胤的眼睛，早就盯上了燕云十六州。

以国家实力而论，基本实现全国统一的宋朝，人口、物资、财力各方面，远在辽国之上。军事方面，二十万禁军从军队素质到实战经验，都不输契丹骑兵，如果再加上其他州县及新近收复的南唐、后蜀、吴越等国的军队，军队数量也远在契丹之上。但兵在精而不在多。契丹军队历来善战，而且以骑兵为主，机动性、冲击力及野战能力都极强。燕云十六州虽然关隘重重，但面对中原的一边却是一马平川，非常适合契丹骑兵作战。而对以步兵为主、迁移缓慢、机动性差的宋朝军队而言，颇为不利，即使获胜，也会付出惨重的代价。

这种苦胜、惨胜，不是赵匡胤想要的结果。

“讲道理”的赵匡胤还有一层顾虑：燕云十六州是当时代表中原朝廷的后晋“儿皇帝”石敬瑭“送”给别人的，并不是契丹从中原手里抢去的。如果“抢”回来，有那么一点“不讲道理”。

更深一层的顾虑是：骄兵悍将实在是自大唐安史之乱以来二百年间的万祸之源。不受辖制约束的藩镇是滋生骄兵悍将的基础，赵匡胤在改革藩镇制度后，仍然非常警惕军队失控，一直牢牢把控着军队。所以收复南方割据政权时，每次出征，他都委派不同的主将，同时配置实力并不弱于主将的副将或监军，相互钳制，严加防范，不让某一个部将的功劳遥遥领先于其他部将，更不能功高震主。如果某个部将能够消灭契丹军队的有生力量，甚至收复燕云十六州，那将是足以震古烁今的奇功、丰功，他的威望、对军队的影响力和控制力，都将是很可怕的，这不仅可能威胁宋朝的政权，更大的危害是颠覆赵匡胤一直在推行的全新的政治体系。

所以，赵匡胤不想以与辽国决战的方式夺回燕云十六州，他想到的最好的方式，是“赎”回。

从收复荆湖开始，他便专门将缴获的金银财物放在封桩库中，国家收入的盈余部分，也被存入封桩库。他说：“当此库满五百万缗，当向辽国赎回燕云十六州。如果他们不答应，我则散其钱财，以武力收取。以二十匹绢购一契丹人的首级，其精兵不过十万人，我只要花费二百万匹绢，就把他们消灭了！”应该说，这是一个结合了现实情况的非常有眼光的战略构想。

赵匡胤在对付南方割据势力的过程中，只在北方边境适当保留军力，对来犯之敌，只是进行对等的反击，而不是主动进攻，以便保持北方的相对安宁，从而全力收复南方。在攻取南唐的关键时刻，他还主动派使者与辽国讲和，双方使臣互有往来，保持了一段时间的和平。

有一次，赵匡胤在讲武殿招待辽国使者，他把使者带到便殿，让他们参观禁军的骑射表演，还让使者跟随自己去郊外打猎。只见赵匡胤张弓搭箭，箭无虚发，箭箭射中猎物，辽国使者大惊失色。后来使者对人说："宋朝皇帝每射必中，前所未见，真是神勇无敌啊！"从此，辽国也大大转变了对宋朝的轻视态度，将宋朝作为最强大的对手认真对待。然而，以钱财赎回燕云十六州的计划还未实施，赵匡胤就突然去世，继位的赵光义却未能领悟赵匡胤的良苦用心。太平兴国四年（979）攻灭北汉后，赵光义想借助战胜北汉的余威，直取燕云十六州，以建立不世之功勋。他统率三十万大军，围攻幽州城月余，却始终不能得手，反被辽军在高梁河一战中打得大败。赵光义坐着一辆驴车，连夜奔逃，才侥幸逃得性命，但大腿上中了两箭，箭伤每年都要复发。数年后，他再次分三路大军大规模北伐，却又损兵折将，被辽军打得大败。吃尽了苦头的赵光义这才明白赵匡胤当初用钱物赎回燕云十六州的策略是何等正确，他从此锐气顿失，再也不敢染指燕云十六州。一百多年后，宋徽宗与女真结盟，剿灭辽国，也是为了收回燕云十六州。谁知后来女真却从燕云十六州奔袭而下，直接灭了北宋。

燕云十六州成为大宋心头永远的痛。

铁打的江山，流水的将军

帮着赵匡胤登上皇帝宝座的，有跟赵匡胤有八拜之交的义社十兄弟，还有禁军中和他一起出生入死的兄弟将领。这批人个个骁勇善战，胆略过人，又手握重兵，跟赵匡胤交情匪浅，赵匡胤用最和平的方式，让他们交出兵权，外出担任节度使，或是直接回家甘享富贵。

帮着抢江山的是一批人，帮着他扫平天下的，则是另外一批人。

这批人被提拔到重要岗位前，资历尚浅，权力不大，威望也不高，不至于位高权重，变成新的骄兵悍将。然而，这帮人被“打了鸡血”后，一个个干劲冲天，迫不及待地想扬名立万，建功立业。赵匡胤自有盘算，他让每个人都有立功的机会，但不会让某个人有连续立大功的机会，不给他功高震主、权倾一时的机会。而得到机会的将领，知道机会难得，就会拼命把握这千载难逢的好机会，所以一个个龙腾虎跃，奋勇争先。

党进是契丹人，性格憨直，治军能力虽然平平，但却因勇猛善战深得赵匡胤赏识，被委以重任，官至侍卫亲军马军都指挥使。党进能得重用，其原因很可能是因为他让赵匡胤“很放心”。其实党进也是粗中有细，该拍马屁时一点儿也不含糊。他在京城巡逻时，看见有人饲养鹰鹞、鹦鹉、八哥等禽类就生气，必定命令手下强行打开鸟笼放生，还要骂养鸟人：“你不买肉奉养父母，反倒饲养禽类？”有一次，他遇到有人在遛鸟，就要放生。这人气势汹汹地告诉他这是晋王养的，他要是敢放，就向赵光义告状去。党进马上转怒为笑，还掏了一把银子给人家，嘱他买肉饲养，说：“好好养！好好养！”

张琼是赵匡胤的贴身侍卫，作战勇猛，不惧生死，为赵匡胤挡过弩箭，被赵匡胤视为生死兄弟，将他从一名士卒一路提拔。杯酒释兵权后，赵匡胤撤了弟弟赵光义的殿前都虞候之职，让张琼接任。殿前司有两万多如狼似虎的兵，是最精锐的劲旅，一直是赵匡胤手中的王牌，全部交给张琼统率，还说“非张琼不能统制”，可见他对张琼的信任。

但是，皇权面前，再铁的兄弟也是有底线的。张琼只知自己是皇上的人，能为皇上披肝沥胆，所以任性妄为，不知不觉犯了天子的大忌。原来，赵匡胤为防止谋逆之事，安插了很多暗探，这些人可以直接向赵匡胤汇报各关键环节的动态。禁军中的两个暗探，因为经常被张琼斥骂，被当众羞辱下不了台，便将张琼记恨在心，向赵匡胤谎报张琼擅自选用官马为乘骑，还将叛将李筠的仆从收归自己帐下，还说张琼私养了百余人的部曲。最后这一诬告直接点中了赵匡胤的要穴，马上召张琼入宫亲自审问。张琼脾气火暴，又自认是皇上的死党，哪里受得了这种冤枉，当场就暴跳如雷，惹得赵匡胤大怒，命令左右杖责。诬告他的小人拿起铁杖乱打张琼的头，把铁汉一样的张琼打得昏死过去。赵匡胤气还不消，将张琼打入御史府大牢，御史府秉承上意，赐死张琼。张琼死后，赵匡胤派人一查，才发现张琼家中只有三名仆人，家无长物，这才明白自己冤杀了大将，对张琼一家进行了抚恤。这是赵匡胤身上最不光彩的一笔，张琼是他下令处死的唯一一名大将，而且还是对他有救命之恩却被冤杀的。只能说，过度的防范意识让他失去了理智。

同样被冤枉的还有赵匡胤的结义兄弟韩重赟。韩重赟时任殿前都指挥使，职位虽高，但赵匡胤并不让他执掌军事，而是管理工程建设事项。这也是因为有人向赵匡胤进谗言，说韩重赟挑选军中壮士为自己的心腹亲兵，正好违背了赵匡胤刚刚颁布的将领不得组织属于自己的亲兵卫队的规定。赵匡胤知道后，又是一顿大怒，下令诛杀韩重赟。幸得宰相赵普劝阻，再三分析利害，赵匡胤这才放了韩重赟一条生路，但解除其职务，外派担任彰德军节度使。后来赵匡胤亲征北汉时，路过韩重赟的辖区，又想起了当初的兄弟情义，便带上他一起出征，结果韩重赟大破契丹骑兵，以战功证实了自己对赵匡胤的忠诚。

杨义是赵匡胤的老部下，一步步凭战功获擢升，在因病失声不能说话后，获得赵匡胤的空前信任，荣升殿前都指挥使，多年担任殿前司要职。有一次，部分禁军在散指挥都知杜廷进率领下图谋不轨，被赵匡胤获知。赵匡胤半夜开启玄武门，命杨义率兵入内搜捕，将图谋不轨的十九名军校全部捕获，由赵匡胤亲自审问后斩首示众。这次行动也显示了赵匡胤对杨义的信任。而信任他的理由，就是因为杨义有疾在身，不能说话，所以不会有野心，打消了赵匡胤的疑心，让这位有疾在身但还能有效指挥军队、治军有方的将领发挥了重要作用。

赵匡胤采取让将领轮流“坐庄”、让军权不停流动的方式，最大限度地把军队可能出现的威胁降到最低，既让在位的将领充分发挥自己的才能，又不让他们长久掌控权力，形成自己不能掌控的势力，从而保证了军队的正常运转，还保持了军队很强的战斗力。

赵匡胤的治国理念，是一步步减弱军队在国家运转中的重要性，解除军队对国家的控制。这是在国家初立、军队转型过程中，非常高明的一种处置方式。

天子门生

武将出身的赵匡胤要自废武功，抑武重文。在他想建立的国家体系中，文官是这个体系的中枢。

残唐以来，军队掌握着国家的命运，武将决定着政权的稳定。而文官，则是花瓶和摆设，时常被践踏。当时的文官，一不小心就会掉脑袋，很多时候已经很小心了，但大厦将倾时，依旧会大祸临头，不仅自己会丧命，搞不好还会有灭族之祸。所以，那时很多有见识有能力的文人，果断地放弃仕途，或出家修道，或归隐山林，或甘为布衣百姓，满足于耕读传家。赵匡胤要匡扶衰落式微的儒家文化，让国家呈现尚文风气，显然是一个十分浩大的工程。

他首先恢复国子监，凡中举贡士，均须到国子监拜谒孔子，以此确立儒家在国家文化体系中的崇高地位。按当时礼制，三品官员可以在家门口立三根戟，以示尊贵。他特意下诏，让人在供奉孔子的文宣王庙门外立了十六根戟。

有个叫王昭素的老头，七十多岁了，精通易学，门生满天下。他去市场上买东西，从不还价，总是按标价付钱。有的商贩不好意思，跟他说标价并非实价，老头就说："你快把钱收下，不然也成妄语之人了。"时间一长，市场上的人卖货给他，全按实价。有天夜里，有个小偷去他家里偷东西，被他发现，他就把家里所有值钱的东西全部搬到院子里，对小偷说："你觉得哪样好，就拿了快走，不然一会儿就有衙役来抓人。"这个小偷羞愧地扔下东西逃走了。赵匡胤听说后，便把这个王老头招到宫中，问他为什么没有当官。老头说："我能力不够。"赵匡胤又向老头请教《易经》，王昭素旁征博引，劝天子多行利国利民之政，让赵匡胤十分高兴。后来赵匡胤又向王昭素请教养生之道，王昭素说："治世莫若爱民，养身莫若寡欲。"赵匡胤很是喜欢，特意将这两句抄录下来，挂在屏风上，当成自己的座右铭。因王昭素不肯当官，赵匡胤便授予他国子博士之职，以示褒奖。

与以前由军人决定政局不同，赵匡胤明确提出，宰相须用读书人，彻底扭转了社会上重武轻文的风气。文人的社会地位越来越高，大批有才学的文人进入仕途，不仅宰相、地方官员由文人担任，甚至枢密院长官、边防重镇的长官，也逐渐委任文人。

文官制度是赵匡胤的开创性制度，为两宋三百多年的繁荣奠定了基础。

确立文官制度后，各级衙门都需要大量有才学的文人。在人才匮乏的情况下，赵匡胤一边要求翰林学士、其他文官及诸州长吏举荐人才，一边通过科举考试选拔人才。

第一步当然是完善科举制度。对取士不公、豪门操纵、擅权舞弊等科举弊端，赵匡胤决心分步逐一解决。

不少有识之士指出，大唐除了毁于藩镇割据，也毁于中唐兴起的牛李朋党之争。唐代的科举，主考官与门生、门生与门生之间，互相结为朋党，最后形成不同的势力集团，相互争斗。有鉴于此，赵匡胤严格禁止考官与考生之间结成座主、门生关系，考生不得称主考官为恩门、师门，亦不得自称门生。他又下诏禁止宰相近臣向主考官推荐有才之人，让科考更透明也更公正。他还限制主考官权力，增设副职，让主考、副主考共同阅卷，共定优劣。

有一回，大臣宋白权担任主考官，私底下收受了贿赂。为了堵塞舆论，他将准备录取者名单呈报赵匡胤，想让赵匡胤根据这个名单放榜。赵匡胤何等精明，马上说："我命你为主考官，如何取舍应该由你决定，你交给我算什么意思？如果放榜后有异议，我要借你的头以谢天下！"吓得宋白权屁滚尿流，赶紧重新编制放榜名单，以绝后患。

为了杜绝舞弊，他要求举人中凡牵涉品官子弟的，礼部都要登记造册上报，由中书门下进行复试。

后来，赵匡胤亲自在讲武殿召见新科进士，然后下诏放榜。有一次，他发现有两名进士在殿试中应对失次，就把他们从录取名单中划去，后来一查，果然有问题，就严厉处罚了主考官。从此，及第进士就被称为天子门生，这种殿试方式虽然以前女皇武则天也用过，但未形成制度，真正成为科考制度，自赵匡胤始。

赵匡胤还大大降低了科考门槛，只要粗通文墨，不论年龄大小、家庭贫富、郡望高低，都可报考，不尚谱牒，不重乡贯，不讲门第。还给路途较远的贫寒士子发放路券，凭路券由官府负责赶考途中的食宿。

由于每次录取的名额有限，而报考者众多，过低的录取比例容易积累社会矛盾。于是，赵匡胤又令礼部于落第者中，统计出进士、诸科应试十五次以上曾经终场者及应试十五次以上未曾终场者共计一百零六人，具名奏报，各赐出身，称为"特奏名"，亦称"恩科"。

而科举考试的头名状元，在宋朝有非常高的地位。御街骑马、鹿鸣宴、琼林宴，都是状元享受的无上殊荣。状元还往往被委以重任，不少人做出卓越的政绩。文天祥就是状元出身。当时甚至有人夸张地说："状元及第，虽将兵十万，恢复燕云，凯歌而还，献捷太庙，其荣亦不及也。”

在赵匡胤的大力推行下，宋朝文风大盛，抑武重文收到了实效。“天子重英豪，文章教尔曹。万般皆下品，惟有读书高！”“朝为田舍郎，暮登天子堂。将相本无种，男儿当自强”等诗句，就出自宋代，是宋朝文风大盛、全民习文风尚的真实写照。

迁都之议

在政局稳定、治国方略一步步显现效果的时候，赵匡胤突然提出迁都洛阳的想法。

这个想法受到很多人的质疑，甚至反对，包括宰相赵普和晋王赵光义。

当时的情况是，洛阳从安史之乱起，两百多年来，经历黄巢之乱到五代时期的历次兵燹，已经从一座繁华的都城变成破败不堪、百业凋敝的城市。不要说不具备成为首都的基本条件，就连作为一个大都市它也名不副实。如果把它改建为首都，安置整个政府机构及十余万禁军，将是一笔非常巨大的开支，对刚刚恢复元气的国家而言，不是输血，而是一场巨大的透支性抽血，将耗损巨大的财力和物力，国家可能因此不堪重负。

而开封紧邻汴河，深得漕运之利，南方每年的巨额赋税，都可以通过运河运到京城，朝廷正常运转所必需的人员、财物，特别是十万禁军规模巨大的粮草、军械及战略物资供应，都可以通过漕运完成。如果将都城移至洛阳，这么大规模的物流运输，只能通过车马人力来完成，其成本十倍于漕运。这方面的巨大成本开支，也将成为政府的巨额负担。

好几位禁军将领寻机痛陈迁都之弊，赵匡胤都不置可否。后来晋王亲自出面，向皇兄力陈迁都之弊。

唯一说得过去的迁都理由，是开封面对广阔无垠的大平原，所能依傍的只有城北的一条黄河，其他地方无险可守，自古以来就是四战之地。辽军如果南侵，契丹铁骑在一马平川的华北平原可以恣意纵横，在黄河北岸可以长驱直入，一旦突破黄河天险，将直接威胁开封城。

事实上，开封城在后晋末年就曾轻松地被契丹铁骑占领。王者治天下，设险以安万国，首都一旦被攻占，则天下动摇。

其实，私底下很多人在咬耳朵，说赵匡胤说不出口、但最为重要的迁都原因，是自己的弟弟、开封府尹、晋王赵光义。赵光义在开封城羽翼丰满，其势力已经伸展到开封城的每个角落，每个关键环节都被赵光义插足。赵匡胤无力清除，只能以迁都的方式，斩断他的羽翼，如此才能把权力控制在自己手中，以防肘腋之变。

别人这样想，晋王赵光义更要这样想，因为他在做什么，他心里有数，皇兄知道多少，他得通过迁都之议来探看明白。

赵匡胤登上九五之尊的宝座后，赵光义很快就从殿前都虞候成为开封府尹，又封晋王，位居宰相之上，真正的一人之下、万人之上。他再也不是嘴上没毛的官场新人，各方面都老辣圆熟，滴水不漏。

赵光义惧怕的是，尽管自己尽量做到不露痕迹，但只要露出那么微微的一点点，也逃不脱赵匡胤那双鹰隼般的锐眼。

面对弟弟的力谏，赵匡胤这样解释：开封是四战之地，无险可守，要守住开封，就得在四方险要关隘分兵据守；而洛阳山河形胜，有险可据，守御方便，这样可以大量减除冗兵，减轻国家负担。

但赵光义说，国家长治久安，“在德不在险”，认为治国根本在于朝廷的德政，而不是据险以守。这种貌似正确无比，其实大而不当的话，赵匡胤一时也不便辩驳，只好说：“你说的固然有理，但因为固守开封而被迫驻扎重兵，将给国家带来沉重的财政负担，只怕不出百年，天下的民力，都会因为这个负担损耗殆尽。”

想想百年后女真南侵，灭亡北宋，赵匡胤竟然一语成谶。

赵匡胤接着说，他迁都洛阳，并不是最终目的，最终是要迁都长安，在大唐都城恢复中原当初的盛世繁华。他当然知道长安现今的破败甚至远甚于洛阳，但他还是想借助长安的天然地理优势，既能掌控全国，呼应天下，又能借关中天险之利，保都城平安。他测算过，如果迁都长安，禁军人数至少可以减少一半。

在他眼里，军队就是一颗炸弹，拿在手里，总有一天会炸到自己。更何况，要养护这支战斗力超强的精锐部队是一笔巨大的开支，成本远高于地方州府的厢兵。在平定天下、四海统一的条件下，军队要尽可能地减少，以减轻国家的财政负担，同时清除引发国家动乱的根源。

但他这步意义深远的棋，没有一个人能看懂，他们只看到开封城的漕运之利，及其经过五十多年的建设所具备的成为首都的各种现实条件。

得不到大家的支持，满是落寞的赵匡胤还是去了趟洛阳。

洛阳是他从小生长的地方，夹马营是他童年的乐园。他回到夹马营，虽然胸中早有迁都后改建夹马营一大片区域的完整规划，却因不能实施而满是惆怅。突然想起童年时，为了防止被顽劣的小伙伴损坏，他曾把一匹小石马埋在一个地方藏起来，于是命手下挖掘，竟然真的挖出那匹小石马，让他感慨万千。

这时他又想到与自己两小无猜，后又成为自己贤内助，对自己无微不至、百般照拂的爱妻贺娟，不禁热泪盈眶，更觉洛阳是自己不能远离的一方热土。

他到埋葬着父亲赵弘殷的永安陵祭拜，又一次悲从中来，伏地痛哭。哭过后他登高眺望，眼前嵩山郁郁，身后洛水泱泱，只觉无比的宁静。于是他张弓搭箭，拉满弓弦，一箭射出，然后指着箭落地处，说："此处是我百年后长眠之所。我要与贺皇后同眠于此！"然后吩咐手下，在箭落地处埋下那匹小石马作为标记，并将陵园命名为永昌陵。

第十章　大风雪中的烛影斧声

金匮之盟

赵匡胤的母亲杜太后是个有传奇色彩的女人。

杜太后闺名杜四娘，是河北定县杜家庄一大户人家的女儿。这年冬天，雷雨交加，道路泥泞难行，年轻精壮的小伙赵弘殷一路奔波要去军营投军，因风雨过大，便找了户人家的屋檐躲避。这户人家的主人见赵弘殷长得高大精壮，仪表堂堂，心下便生出许多好感，邀他入室烤火驱寒。一番晤谈，主人觉得跟前这小伙不光生得帅气，谈吐更是不俗。颇能识人的主人一番探究，觉得这风尘仆仆的小伙不是一般人，将来一定大有作为，就果断地将女儿嫁给了他。于是，正在底层奋斗的青年赵弘殷成了杜家的女婿。

婚后，赵弘殷想从军队中寻出身，开始了行伍生涯。由于军俸微薄，赵弘殷又立身周正，从不抢劫百姓，家里日子过得很窘迫。但杜四娘一心与丈夫苦守清贫，贤惠侍夫，勤俭持家，过着苦中有乐的小日子。赵弘殷有了立身之地，由普通士卒逐步晋身为军官。长子早夭，次子赵匡胤的出生，给这个家庭带来无比的喜悦和幸福。后来三子、女儿和四子相继出生，杜四娘硬是把一个贫穷困窘之家，料理得既温馨又幸福。

赵匡胤在陈桥驿黄袍加身，消息传回仍由后周朝廷控制的开封城，如果被禁军统帅韩通得知下落，困在开封的赵家人很可能都会面临死亡。但杜四娘却毫不惊慌，淡淡地说："我儿素有大志，他能有今天，自有他的道理。"后来，韩通果然得知赵家人躲在一座寺庙中，便派兵前来抓捕。杜四娘应付自如，在寺庙僧人的掩护下，全家人终于躲过了韩通的搜捕。

赵匡胤登基后，杜四娘成为皇太后，文武百官、熟悉不熟悉的人都纷纷前来拜贺，络绎不绝。一家人喜笑颜开，唯有杜老太后愁眉不展。赵匡胤殷勤地问她咋回事，她长叹一口气，说："皇帝这个身份，最高贵，也最难。要是做得好，万民拥戴，自然是好的。但要是做得不好，再想退回去做一个普通老百姓，已经不可能了，我能不愁吗？"

赵匡胤听了很感动，皇帝当得特别用心。

赵匡胤皇帝当得越来越好，江山很稳固，国家正一步步完成统一，经济在发展，老百姓的日子也越来越好。

但杜太后一直在观察和思考。

她这一生，一共生了七个孩子，最后活下来长大成人的，有三个儿子、一个女儿。在她眼里，她生下的孩子，个个是人中龙凤。不仅是当上了皇帝的二儿子赵匡胤了不起，三儿子赵光义、四儿子赵光美，也个个出色。特别是三儿子赵光义，当二儿子赵匡胤在外统兵不断征战厮杀，赵光义就时时陪在她身边。她自己本就很有见识，聪明过人的赵光义却总是能不断地带给她新的见识和惊喜。她觉得这个儿子也很了不起，既聪明又乖巧，还特别体贴娘，特别知道娘的心事。他哥哥能做到的事，这个当弟弟的也一定能做到，能做好。

杜太后年事已高，身子骨一天不如一天，终于病倒，卧床不起。临终时，赵匡胤又来看望，杜太后抓紧最后时刻，问儿子："你知道你是怎么当上皇帝的吗？"

赵匡胤眼看母亲病重，心里很是悲伤，没多想，只是随口说："我之所以能得天下，都是祖上及太后积德！"

杜太后摇摇头，说："非也！非也！你之所以有今天，是因为后周世宗留下未成年的儿子当皇帝，如果当时后周即位的是位成年的皇帝，你哪有机会荣登九五！"

赵匡胤点头称是。

杜太后坚持最后一口气，说："我儿，一定要立长君为帝，方能保江山永固。你百年之后，当立你弟光义为帝，光义之后，当立光美为帝！"

赵匡胤想想母亲说的在理，又是母亲的最后遗言，便点头答应，说："好，我百年后，当立晋王（赵光义）为帝，晋王之后，当立秦王（赵光美）为帝。"

杜太后马上叫来儿子赵光义、赵光美和宰相赵普。她问赵光美："你百年之后，当传何人为帝？"

赵光美表示，他百年后将把皇位传给赵匡胤的儿子赵德昭。

赵匡胤很高兴，叫来儿子赵德昭，让他叩谢太后。

这件大事板上钉钉。杜太后见长久思谋的心愿已了，高兴地说："陛下有此意，实为天意也！日后朝廷为帝者皆为长君，可保赵氏江山无虞！他日各不得食言，违反者其罪同大逆，天必殛之！"

然后，她吩咐宰相赵普，当场把议定的事项作为誓约写下来，然后密封收藏于皇宫金匮中，不得向外公示。

这就是著名的"金匮之盟"。

赵匡胤是个守信的人，他随后即任命赵光义为开封府尹。五代以来，中原朝廷有个不成文的规矩，就是由储君担任开封府尹。赵匡胤对赵光义的任命，似乎明确了赵光义的储君身份。赵光义的晋王身份在宰相之上，成为一人之下、万人之上的重臣，再加上他小赵匡胤十二岁，按部就班，他将在赵匡胤百年之后，继位当上皇帝。

杜太后精明过人，但糊涂一时。她拉着三个儿子立金匮之盟时，当皇帝的大儿子赵匡胤刚刚三十四岁，虽然赵匡胤的儿子赵德昭才十一岁，但就算赵匡胤像他父亲赵弘殷一样五十二岁就去世，这时赵德昭也有二十九岁，早不是孩子了！

也许在当时那个时代，人的寿命普遍不长，再加上乱世之中，常有不测之祸，杜太后才想到这个万全之策。

她百密一疏的是，有的人排队等着当皇帝，等得不耐烦时，就不想再等了。这样一来，活着的皇帝，只有死路一条。而当上了皇帝的人为了把皇位留给自己的儿子，后面的继位者跟着也没有活路了！

骨肉相残的悲剧，也会滋生于好心、善念之中。

宰相与皇弟

有不少人将赵普与唐太宗李世民时期的宰相魏征相提并论。但是，赵普虽也算得上是中国历史上为数不多的谏臣，但他不像魏征那样的纯粹，他自己的算盘打得也很精。

赵普有自知之明，没有觊觎皇位的野心，但从掌管枢密院开始，他在权力的高处也是非常享受，时不时玩弄一点权术的花活，对有可能从他手里分权的文臣玩点有功不赏、没错也挑出不大不小一堆问题的高级“魔术”，让这些人离权力中心远一点。不过，他对赵匡胤算得上忠心耿耿，天子需要他的时候，他都会恰到好处地出现，要点子出点子，要谋略来谋略，让皇上既用得顺手，又用得放心。

但是，他没想到，自己从来智计过人、老谋深算，竟然一不小心捧了一颗炮仗在手上，眼看着这炮仗在手上“滋滋”作响，他却扔也不敢扔，拿在手里等着它爆炸。

这颗吱吱作响的炮仗，就是皇帝的亲弟弟，晋王赵光义。

赵光义一步不落地跟着二哥，把自己的命运前途全跟二哥绑在一起，在战略战术上都取得了空前的成功。特别是一直疼爱他的母亲杜太后，在临终前让二哥立下金匮之盟，立他为皇储，他心里别提多兴奋了。但兴奋归兴奋，他心里还是有点没底，不知二哥会不会在百年后真的把皇位传给他。毕竟二哥自己有三个儿子，个个聪明，虽然现在都年幼，但二哥只要活到五十多岁，他的儿子们就都长大成人了。兄弟虽是一母同胞，毕竟比不了自己的亲骨血啊！不到万不得已，哪个皇帝不把位子传给儿子，却傻到传给弟弟？

所以，就算有了金匮之盟，他也不信二哥会把皇位传给他。

但是，做皇帝就是一个美梦，这个梦实在太美了，他一旦做起来，就再也不肯走出梦境。何况，母亲杜太后临终时让二哥立下金匮之盟，这就相当于太后下达的懿旨。他觉得自己本来就应该接过二哥的位子，自己当皇帝。再说，当时二哥殿前都点检的位子，还是他黑了张永德才得到的。二哥在陈桥驿黄袍加身，也多亏了他在背后多方经营、出谋划策。二哥的江山，本来就有一半是他帮着打下的。

这样一想，他越发觉得自己当皇帝的梦想理直气壮。

就算二哥到时未必肯把皇位传给他，他也完全可以先准备起来。

他利用担任开封府尹的便利，加上皇弟和晋王的特殊身份，多方经营，四处活动，给自己罗织了一张巨大的网络。

武将方面，除了笼络现任禁军将领，他还网罗了大批以勇武闻名的人才——

洛阳人安忠，一直是赵光义的亲信；

赵州人王超，收在开封府中；

开封人戴兴，留置帐下；

彭城人王汉忠，置于左右；

沧州人张凝，置于左右；

冀州人耿全斌，留置帐下；

定州人王荣，留置左右；

汾州人杨琼，留置帐下。

还有葛霸、王延德、王宾、李琪、高琼等宋初名将和勇武之士，都是赵光义能量圈中核心层的干将。

同时，他笼络了很多文士进入自己的幕府，为自己出谋划策。

石熙载在后周时就是进士，后被赵光义收入自己的幕府，任掌书记；

贾琰本是澧州通判，后被赵光义奏请升为开封府推官，长期留在赵光义幕府；

魏震、张平、陈从信，都是赵光义吸纳的幕府人才。

赵光义还吸收了不少三教九流的人才。程德玄善医术，赵光义召他为亲吏，官至押衙；王怀隐原本是道士，善医术，也被赵光义召入内府侍从左右。

朝廷内的大小官员，凡是能拉拢的，赵光义一个也不放过。连赵匡胤自己的心腹太监王继恩，都被赵光义收买，为己所用。

随着赵光义的手越伸越长，罗网构织得越来越紧密，他的羽翼也渐渐丰满了。

赵光义做的这一切，赵普都看在眼里，看得他胆战心惊。他身为宰相，官位虽在晋王之下，但职权范围内的事，他如果睁一只眼闭一只眼，一旦赵匡胤察觉，以赵匡胤立规矩、讲道理的原则，再加眼里不容沙子的性格，后果将是极其严重的。再说，以前他仗着皇帝的宠信，颇有点作威作福，现在，任由赵光义百足虫一样处处插足、无缝不钻，这也不是他的性格。

他也知道，想有效地制止、控制赵光义，最有效的方式是由赵匡胤出面，皇上一句话，比他处心积虑想破脑袋管用多了。但是，赵光义是皇上的弟弟，是至亲，虽然没有公布，但他知道赵光义已经是皇储了。如果赵匡胤深究起赵光义四处插手的动机来，他该怎么说呀？一般的权臣如果敢这样做，早就是谋逆了。但他敢这么说赵光义吗？他如果不说，赵匡胤要是这么想呢？皇帝想到了，你却故意不跟他说，惹恼了皇上，或是定你一个同谋之罪，哪一壶都不是他赵普能喝得下的。所以，他能做的，最多是偷偷给赵光义干的那些事儿使使绊子，却一个字也不能跟赵匡胤说起。

其实，如果赵匡胤对弟弟稍有警觉之心，赵普的一个小动作，足以让赵光义的野心露出马脚。这年，赵匡胤想重用右谏议大夫冯瓒，对赵普称他是当世罕有的奇才。皇上如此说，赵普不敢不用，就在灭掉后蜀之后，让冯瓒担任川东重镇梓州的知府，他知道冯瓒是赵光义的人，暗地里派亲信做冯瓒的家奴。一年后，那位家奴逃回京城，告发冯瓒会同监军及通判收受贿赂，赵匡胤大怒，召回冯瓒亲自审问。冯瓒理屈词穷，赵匡胤就将他交给御史府审讯，赵普趁机截获冯瓒的行囊，在囊中发现金带及其他很贵重的珍玩，封皮上都写着刘嶅的名字。这刘嶅是开封府判官，赵光义的核心幕僚，冯瓒要行贿，对象肯定不会是刘嶅这种职级很低的谋士，他只是替赵光义出面的代理人。但赵匡胤只是罢免了刘嶅，没有追究他背后的赵光义。

赵普这些不声不响的动作，还是压住了赵光义的一些风头，同时也让赵光义对赵普起了恨意。特别是他得知赵普直接建议赵匡胤传位给皇子后，他就下决心要搬走赵普这块挡着他路的大石头。

一般人动不了赵普，在皇帝跟前说得上话的是翰林学士卢多逊。他经常在皇帝跟前揭赵普的短处，而赵普的短处，赵匡胤也很清楚。有一次赵匡胤突然去赵普家，见大厅摆着十几个陶瓮，便问里面是什么，赵普说是吴越王钱俶送来的海瓜子。赵匡胤好奇心起，打开一看，里面全是黄澄澄的金瓜子！这时，关于赵普贪赃枉法、强买住宅、伐采木材赢利等控告，一股脑全涌上赵匡胤的案头。赵匡胤早知道赵普手脚不干净，对他权力过大而且滥用职权早就看不惯，更不能容忍的是宰相与皇储争斗，如果发展成中唐那样的牛李党争，将是国家的大祸。于是，他罢了赵普的相位，让他出任河阳三城节度使，授太傅，挂相印，名义上是让赵普颐养天年，其实是让赵普体面地退出了朝廷权力的核心。

赵普被罢相后，朝中大臣无人能约束赵光义，赵光义罗网遍布，羽翼更加丰满。

花蕊夫人之死

中国历代帝王中，赵匡胤算是不近女色的一个。登基前，一个贺娟就把他的心给塞满了，登基后，贺娟被追封为孝惠皇后。孝明皇后王氏是他任殿前都点检时娶的继室，只活了二十一岁就死了，让赵匡胤好一阵痛心难过。之后是孝章皇后宋氏。这三位正妻都与赵匡胤伉俪情深，即使贵为皇帝，历史上也未见他有多少嫔妃的记载。唯独有一个女人，让赵匡胤对她深深着迷。

这个女人姓费，是后蜀国主孟昶的妃子，被孟昶封为慧妃，并赐名花蕊夫人。孟昶是风流天子，皇宫极尽奢华，后宫佳丽充塞，但他万千宠爱，全部集于花蕊夫人一身，只要能跟花蕊夫人两相欢娱，所有的国家大事全让他抛到脑后去了。

王全斌破蜀后，花蕊夫人跟着孟昶被押送到汴京开封。赵匡胤早就听说过花蕊夫人，在他看来，这个女人就是误国的祸水，富庶的后蜀六十六天就被宋军给灭了，他琢磨着，这个被叫得比花还美的女人，少说也要担一半的责任。

他让孟昶住到专为他建的房屋里，陪着孟昶一起来的家眷和嫔妃也得了很多赏赐。这些家眷和嫔妃，按惯例，得入宫拜谢圣恩，花蕊夫人也因此入宫见到了赵匡胤。

赵匡胤一身大丈夫气概，对婆婆妈妈的儿女情长向来不感兴趣，但这花蕊夫人之美，在他见过的女人中，是从来没有过的，真是美艳不可方物。看了她一眼，忍不住就要看第二眼、第三眼。饶是心如止水的赵匡胤，也忍不住多看了她几眼。但看归看，他一想到后蜀的今天和孟昶的下场，马上定住心神，说："真是红颜祸水！"

花蕊夫人跪在地上，一声不吱，身子一动不动。赵匡胤没想到她在握着她生杀大权的皇帝跟前竟然有如此定力，倒也挺意外，便说："听说你会作诗，能现场作一首吗？"

花蕊夫人跪在地上，低头沉思，过了一会，抬起头来，大声吟道——

君王城上竖降旗，

妾在深宫哪得知？

十四万人齐解甲，

更无一个是男儿！

赵匡胤听罢，吓了一跳。这诗虽是即兴之作，但端的了不得，充满了怨愤、屈辱、遗憾，甚至还有一丝痛恨。但这恨，恨的不是宋军，而是望风而降的后蜀君王。她说十四万解甲投降的蜀军不是男儿，保护不了深宫中的弱女子，像是说恨不得自己化为男儿身，为国为民为个人荣辱，拼杀一场又何妨！这是赵匡胤最为欣赏的豪气啊！

由此，赵匡胤对花蕊夫人另眼相看，再不当她是祸国殃民的红颜祸水。

几天后，后蜀国主孟昶离奇暴毙。史料中没有说是谁干的，但其实大家心里都明白。孟昶之死，与南唐后主李煜的暴毙完全不同，没几个人替他惋惜。

很快，花蕊夫人被赵匡胤宣入后宫，纳为妃子。

赵匡胤对花蕊夫人很是宠爱，这么一个不近女色的豪杰，对花蕊夫人的感情却像火山爆发一样。满朝上下，都知道皇上身边多了个妖媚的女人。

这也许是赵匡胤有生以来，最为快意平生的日子。虽说收复荆湖、南汉、后蜀、南唐、吴越，一件件大事都让他振奋，收获满满，但这只是他统一全国过程中的一个又一个环节，只要北汉未灭，燕云十六州未收复，他就心愿未了，算不上圆满。但花蕊夫人就不同，这个天底下最漂亮又最聪明，而且豪气满怀的女人，现在完完整整、一丝一毫都是他的，这种满足感，让他享受了无上的欢悦和快慰。

但是，他觉得自己完整地拥有了花蕊夫人，花蕊夫人却不这样看。

同样是深居后宫，孟昶与她的两情相悦、诗词唱和，对她的百依百顺和无上赏识，早就扎在花蕊夫人的心中。赵匡胤能给她怜爱、宠幸，但摆脱不了赳赳武夫的本性，给不了孟昶那种从骨髓深处焕发的相融相亲。虽然孟昶已久不在人世，她却一直在偷偷地怀念孟昶。

这天，赵匡胤突然来到花蕊夫人的寝宫，看到花蕊夫人正朝着一幅画像焚香膜拜。这画像上的人好像有点儿眼熟，却想不起在哪里见过，赵匡胤便问是谁的画像。花蕊夫人先是略有惊慌，马上就镇定如初，淡淡地说：“此人名叫张仙，是蜀地民间传说的送子神，蜀人家中多挂此像，焚香拜之，能得子嗣。”

这个谎实在高明，不仅遮掩了画中人是孟昶的事实，还把自己拜画像的原因说成是希望得到子嗣，让赵匡胤好一个开心。

从此，拜张仙求子嗣成为宋代的民间习俗。

赵匡胤和花蕊夫人这动静，他弟弟赵光义看在眼里了。

随着自己羽翼日渐丰满，赵光义在二哥面前，也越来越自信了，对二哥遥遥在上端坐着的那个位子，心里更贪了，恨不得明天就能自己坐上去，多等一天都不耐烦。皇帝哥哥有的，他都想有，皇帝哥哥喜欢的，他也喜欢。看到皇帝哥哥拥有花蕊夫人这样一个天造的尤物，他真是羡慕嫉妒恨，恨不得直接抢过来，据为己有。

但想归想，做是当然不能做。但他冒出一个念头：我既然得不到，何不毁了她？

这一毁，一石二鸟，除了毁灭自己得不到的东西，还能通过毁掉哥哥心爱之人，来试探皇帝哥哥的底线：他能容忍我多少？他对我的行为知道多少？他对这些行为，有什么准备或预案？

在一个春明景和的日子，赵匡胤邀三弟赵光义来御花园饮宴。御花园很大，赵光义是这里的常客。除了喝酒聊天，御花园里还有很多动物跑来跑去，供一时兴起的王侯狩猎。这场酒喝得很高兴，除了赵匡胤和赵光义，还有花蕊夫人在一旁侍酒。酒喝得很欢，差不多都喝到八九分时，赵匡胤兴致正好，给弟弟劝酒，让他再喝。赵光义摆出一副醉眼蒙眬的样子，说：“如果花蕊夫人替我去前面花丛中摘一朵花来，我就喝一满杯！”花蕊夫人为了助兴，就向前面花丛跑过去了。正在弯腰摘花时，这边的赵光义张弓搭箭，一箭朝花蕊夫人射去，正中花蕊夫人心窝。只听一声惨叫，花蕊夫人倒地不起，就此香消玉殒。

一旁的赵匡胤不动声色，继续端着酒杯喝自己的酒。

赵光义却“扑通”一声朝赵匡胤跪下，说：“陛下方得天下，宜为社稷自重，远离美色。”

赵匡胤只是点点头，还是继续喝自己的酒。

他的心里，这时已经翻江倒海：我已经立他为晋王，委他为开封府尹，他已经是皇储了，竟然还把手直接掏进我的心里来！他究竟想干什么？他已经干了些什么？

他一边不动声色，一边在心里开始谋划如何调查赵光义。

如果不是运气好，这一场试探，足以让赵光义丢掉自己的小命。

从这件事开始，赵匡胤对赵光义有了警觉。

烛影斧声

调查的结果让赵匡胤大为震惊。原来不知不觉间，作为皇帝的他已经大权旁落，而他的弟弟赵光义借助担任开封府尹的便利和晋王的身份，四处渗透，将自己的势力扩张到了朝廷的各个角落。十余年来，他杯酒释兵权，清理藩镇，治理禁军，制定法度和秩序，他防这个防那个，万万没想到，自己从来不设防的亲弟弟，竟然把手伸到了他的龙椅上。

赵光义已经无处不在，但不论他的大网罗织得如何紧密，一直牢牢控制禁军的赵匡胤知道，只要军队还在自己手中，赵光义就翻不了天。如果要彻底清除赵光义及其同党，势必是场大流血。跟从他背叛皇上的那些人，只能是死罪，赵光义也必须死，不然，国家律法就不能服众。

他登基以来，到处立规矩，讲道理，定律法，上行下效，就是汲取五代以来内乱不息的教训，想要建立一套可以维持国家长治久安的系统和制度。他认为这套制度很完善，只要执行得当，完全可以让赵家世世代代稳坐江山，千年不移。但是，如果剪除赵光义的阴谋组织，朝廷一半以上的官员将受到牵连，特别是自己的同胞弟弟，将死于自己之手。这种骨肉相残的人伦惨剧，绝对不能发生在自己身上，否则，他十余年来立下的所有规矩、讲究的一切道理，都将荡然无存！

这与他自己动手杀了自己没什么两样。

遵太后之命立下金匮之盟后，他的确开始准备立弟弟赵光义为皇储，赵光义聪明，智计百出，很能笼络人心，是当皇帝的料子。但现在从赵光义背地里干的这些腌臜事来看，他又觉得赵光义心机太重，心胸狭隘，难成一代明君。

如果不立赵光义为储，赵匡胤百年之后，登基做皇帝的是自己的大儿子赵德昭，赵光义以皇叔加晋王的身份辅佐赵德昭。但以赵光义四处插手、羽翼丰满的状况看，他怎能甘居人下？到时势必架空赵德昭。以赵光义在强势的亲哥哥面前都敢要诡计的行径看，他这种阴鸷小人，完全有可能推翻赵德昭，自己取而代之。照样是叔侄相残，弄不好又是天下大乱，所有的规矩、道理、纲常、律法、制度，又会被踩在脚下，如果再经历一次五代那样数十年的战乱，国家可能就万劫不复，再也站不起来了！

事情已经在赵匡胤跟前明摆着：要立自己的儿子为储，就得杀了自己的亲弟弟赵光义；如果不杀赵光义，就得让赵光义在自己百年之后当皇帝。

以赵匡胤光明磊落、重情重义的性格，他不可能对自己的同胞弟弟动手，从维护自己一手建立的系统制度看，他也不能对自己的弟弟下手。

他得忍住自己内心的憎恨，立赵光义为皇储，百年后让他继承大统。

在这之前，他得给赵光义套上笼子，立下规矩，让他只能当好皇帝，绝不能让他胡作非为。

这天夜里，他在书房内设了桌酒宴，命心腹太监王继恩宣赵光义赴宴。

这时已是数九寒冬，晚上大雪纷飞，几乎所有的人都待在家中，采暖御寒，但皇帝二哥相召，赵光义岂敢违旨。通过王继恩，他想到了皇上召他的目的，并做好了应对的准备。当他顶风冒雪赶到书房时，赵匡胤并无多话，只是示意他坐下，并屏退周围一切人等，只有一间房，一张酒桌，以及对坐而饮的两兄弟。

我们似乎能看到这样的场景——

赵匡胤问弟弟："你还记得洛阳夹马营吗？想不想再回去过夹马营那样的日子？"

赵光义摇摇头："我不想，也回不去了。现在的天下，是赵家的天下，赵家打个喷嚏，都会牵动天下黎民。皇上为天下百姓求太平，我跟着哥哥，为天下百姓效命。"

赵匡胤又说："你今日之富贵，皆拜我所赐。你知足吗？"

赵光义起身，欠身答："弟之富贵，皆出自圣主隆恩。弟知足！感恩！"

赵匡胤厉声问道："既知足，为何背着我行篡逆之事？"

赵光义又一次站起，拜伏于地，说："臣弟不敢！"

赵匡胤仍是端坐不动，继续喝问："你不敢？赵普不是因为你罗织罪名，才蒙羞罢相？张琼不是你构陷于他，以致死于非命？"

赵匡胤将一条条罪状摆出来，像一条条鞭子，一下接一下抽在赵光义身上。赵光义一次次起身、下跪、伏地，在这个大风雪之夜，竟然冷汗浃背，湿透全身。

赵匡胤接着斥责他："你的手伸得真够长的，竟然连王继恩都拉了过去？你以为这大半年来，他为我端的汤药，我还敢喝吗？"

赵光义不敢为自己辩解，更无力为自己辩解，只是一次次磕头如捣蒜。

赵匡胤好一通发泄，自己也说累了，最后吁了一口气，说："既然我们在母后面前一起立了金匮之盟，这天下迟早都是你的，你着什么急？用得着这样费尽心机吗？"

赵光义还是磕头。

赵匡胤说："做皇帝的，当正大堂皇，为天下表率。岂能以小人之心，行苟且之事。我百年之后，你继承大统，当守我规矩，遵我制度，勤政爱民，善待赵家骨肉，善待我的子孙，要按照约定将大位传给秦王，秦王再传回我儿德昭。你可答应？"

赵光义拜伏于地，说："臣遵旨！"

赵匡胤“哼”了一声说：“我也不怕你不答应！我百年之后，管不了你，但老天会管着你，历史那支大笔，也会管着你。你当好皇帝，历史会给你记下千秋万世的美名，你敢多行不义，历史也会记下你千秋万世的恶名，让你永世不得翻身，千千万万年，永远钉在耻辱柱上！你不怕我，但我不信你敢不怕老天！”

赵光义无话可说，唯有伏地不起。

赵匡胤拿起书桌上做镇纸用的玉斧，在桌上重重地敲打着，高声地说：“好为之！好为之！”

隔着走廊远远偷看的一帮太监和宫女，在这个大风雪之夜，只看到烛影摇晃下，赵光义不断地起身、下跪、伏身于地，只听见玉斧重重敲打桌子的声音。他们知道了“烛影斧声”，却永远不知道在“烛影斧声”中，赵匡胤和赵光义兄弟之间，到底发生了什么。

但历史告诉我们，两宋三百多年的历史进程，是由这个大风雪之夜，烛影斧声之间的故事决定的。

当天夜里，赵匡胤暴毙于深宫。

后世一千多年间，说起这场“烛影斧声”，绝大多数人认为是赵光义趁着给皇帝哥哥斟酒的机会，偷偷把鸩酒混到了赵匡胤的酒杯中。

也有人认为，赵匡胤是在这场酒宴中心情过于激动，再加上天寒地冻之时过量饮酒，引发卒中而猝死。

不论死因如何，后人所能知道的是，基本实现国家统一、奠定三百多年国家繁荣根基的大宋开国皇帝赵匡胤，在五十岁那年，匆忙走完了他的人生。

骨肉之殇

赵匡胤暴毙，没有遗诏，也没有遗言，皇宫乱成一团。宋皇后知道关键所在，马上命太监王继恩召皇子赵德芳入宫。这个时候，谁先入宫，就由谁掌控全局，皇位就是他的了。

宋皇后命王继恩去宣懿旨，是因为王继恩一直是赵匡胤的心腹太监，能够放心的自己人。谁知王继恩早就被赵光义收买，得旨后不是去传赵德芳，而是直接去了赵光义的晋王府。赵光义带着程德玄正等着呢，王继恩一到，三人立马就直奔皇宫而来。

宋皇后翘首以盼，想不到等来的不是赵德芳，而是一脸肃穆的赵光义。她既惊且怒，知道事出异常，一切都是眼前这个晋王赵光义操纵的，如果不从，就有性命之忧，不得不强忍着惊慌愤怒，缓缓说道："我母子性命，皆托于官家。"称赵光义为"官家"，就是承认了他继承大统的事实。赵光义喜极而泣，说："共保富贵，无忧也！"

就这样，赵光义在赵匡胤的灵柩前即位。即位后，他不顾只有两个月不到便是新年的事实和逾年改元的礼制，马上将年号由开宝改为太平兴国。

新登基的赵光义"萧规曹随"，保留了赵匡胤创立的较为完备的体系。赵光义加封秦王赵廷美（即赵光美）为齐王、开封尹兼中书令，地位在宰相之上，享受他即位前的身份待遇，摆出一副要贯彻"金匮之盟"的架势。赵匡胤的儿子赵德昭和赵德芳，都称皇子。赵德昭封武功郡王、永兴军节度使，任京兆尹，兼任侍中。赵德芳则被任命为兴元尹、山南西道节度使、同平章事。

太平兴国三年（978），赵光义逼割据福建漳州、泉州的陈洪进“纳土”，再逼吴越国王钱俶“归地”，最终完成赵匡胤收复南方的工作。接下来只剩下北汉这个割据政权了。太平兴国四年（979），赵光义御驾亲征北汉。云州观察使郭进在白马岭消灭辽国援军万余人，发兵数十万围困太原，赵光义亲自在太原城下指挥作战。北汉本来就在赵匡胤的三次打击下衰弱不堪，现在面临宋军的频频重击，早已无力支撑。北汉主刘继元在外无援兵、内无斗志的情况下，只得出城投降。

但赵光义经此大胜，顿时被冲昏了头脑，不顾数十万大军连续作战已经疲惫不堪，需要休养整训，也顾不上犒赏三军以激励士气，更不顾全体将领的反对，就率领全军转而向东，要收复被后晋石敬瑭当礼物送给契丹辽国的燕云十六州。在经历前期小胜后，数十万宋军在高梁河之战中被辽军彻底击溃，赵光义大腿中了两箭，乘驴车趁夜奔逃，才勉强活命。

在他与三军失去联系时，部分将校准备拥立赵匡胤的儿子赵德昭为帝，后来在得知了赵光义的下落后作罢。赵光义得知此事，恨到了骨子里，眼里再也容不下赵德昭了。班师回朝后，他既不总结高梁河之败的教训，也不想犒赏征战北汉的三军将士。此时耿直的赵德昭站出来，奏请赵光义犒赏三军。正在寻找发泄机会的赵光义突然勃然大怒，训斥赵德昭说：“等你当皇帝时，再赏他们也不迟！”聪明的赵德昭听了这话，立刻明白自己已为赵光义所不容，为了保全家人性命，他回到家中自刎而亡。赵光义得知，心下自然很高兴，但逼死亲侄子的恶名他不想背，就跑到赵德昭家中抚尸痛哭，说：“痴儿，何至如此！”

又过了一年多，赵匡胤留在人世的另一个儿子，年仅二十三岁的赵德芳，在家中猝死。赵德芳死得不明不白，赵光义假惺惺地亲往灵堂吊唁，罢朝五天。

清除了赵匡胤的儿子后，接下来轮到赵光义的亲弟弟赵廷美了。为了清除赵廷美，他又启用了罢相多年的赵普。

当年，赵光义利用卢多逊扳倒了赵普，他继位后，卢多逊权倾一时，犯了赵光义的大忌。赵光义请出赵普，问他赵廷美继位的可能性。滑头至极的赵普答道："先帝已误，陛下岂可再误！"这回答很让赵光义满意，于是，两人合谋，在这时拿出密藏多年的"金匮之盟"公布于世，以证明赵光义继位的正当性。但这份公布出来的"金匮之盟"，已经没有赵廷美要在赵光义身后继位的内容。

然后，赵光义的心腹旧僚柴禹锡、杨守一等出面告发赵廷美"骄恣，将有阴谋窃发"。赵普重回宰相之位，多次公开在朝堂上嘲笑老对手卢多逊，暗示他主动辞官，全身而退，但卢多逊很是恋栈，依然硬着头皮苦撑。

太平兴国七年（982），又有人告发赵廷美欲趁赵光义在金明池乘船时作乱。赵光义于是以一副公事公办的样子，罢免了赵廷美开封府尹的职务，贬为西京留守。接着，赵普又得到卢多逊与赵廷美相勾结的"证据"，将卢多逊下狱。赵光义还让朝中百官议定赵廷美和卢多逊之罪，朝中百官秉承圣意，认为他们依法当斩。赵光义这时却装出仁慈的一面，免了二人死罪。卢多逊被削去官爵，全家流放崖州；赵廷美被没收西京宅第，降为涪陵县公，安置在房州，其儿女不再称皇子、皇女，并派亲信日夜监视。赵廷美在不断的惊吓中艰难度日，很快病死于房州，年仅三十八岁。赵光义得知赵廷美的死讯，还装出悲痛的样子，流着眼泪说：“我这弟弟从小就凶恶，刚愎自用，但因为是同胞兄弟，不忍心用律法处置他，只是薄责，准备日后再恢复他官爵的，谁知他竟然就此去世，真是悲痛啊！”

至此，赵光义彻底背弃了善待赵家人和赵匡胤子孙的承诺，为了消除影响自己子孙继位的障碍，对骨肉至亲痛下杀手，导演了一出骨肉相残的惨剧。

为虎作伥的赵普也没得到好结果，赵廷美死后不久，他再次被罢相，彻底退出政治舞台。

赵匡胤九泉之下，如果得知继承自己大位的亲弟弟如此心狠手辣，只怕要气得从坟墓里冲出来找赵光义算账。

赵匡胤不能找赵光义要公道，老百姓心里却自有一杆秤，民间流传的“烛影斧声”的故事、赵光义弑兄篡位的传言就从来没断过。一百五十一年后，北宋惨遭灭国之祸时，又出来一个传言，说统率金军灭亡北宋的金太宗完颜晟与赵匡胤长得很像，是赵匡胤转世。他统率金兵消灭北宋，杀光赵光义子孙后代，为自己报仇。

这传说虽然荒诞不经，但在很大程度上，反映了老百姓对宋太祖赵匡胤的怀念和同情。

终章　百年后的回响

历史像一个怪圈，总是重演着人间的悲喜剧。

南唐灭亡前，出了个不会当皇帝的“皇帝”，就是著名的南唐后主李煜，他为中国的诗词创作做出了不可磨灭的贡献，却生生弄丢了锦绣河山。夺取了他江山的大宋王朝，在一百六十多年后，同样出现了一个大师级的艺术家皇帝，他就是宋徽宗赵佶。赵佶独创的“瘦金体”，成为至今仍在广泛应用的宋体字的鼻祖，他的绘画和金石技艺也达到至臻之境，在许多项目上都是开宗立派的大师，有着极深的艺术造诣，跟大词人李煜相比，不遑多让。而他的治国才能，跟李煜也很有一比。由于心思都放在艺术上，还自称“教主道君皇帝”，宋徽宗把国家大事全交给手下的一帮子人，重用奸相蔡京和权宦童贯，大搞“花石纲”，把好端端一个国家搞得民怨鼎沸，内外交困，以至金国女真大军压境，兵临城下，才匆匆禅位于太子赵桓。宋钦宗赵桓又是乱搞一气，一年内更换了二十六个宰执大臣，结果国破山河亡，父子俩连同后妃、皇子、宗室、贵戚三千多人，还有宋朝皇室的宝玺、舆服、法物、礼器等，悉数被押往苦寒的北国。在极寒之地五国城，宋徽宗在诗中写道：“彻夜西风撼破扉，萧条孤馆一灯微。家山回首三千里，目断天南无雁飞。”此诗与李煜的“小楼昨夜又东风，故国不堪回首月明中”也是好有一比！

至此，赵匡胤创立的北宋，亡于金人之手，计一百六十七年，除了他在位十六年，其余一百五十一年坐在皇位上的，都是赵光义和他的子孙们。

在这场浩劫中，赵光义的子孙被抓的抓、杀的杀，唯独逃出宋徽宗第九子、康王赵构，他仓皇间在应天府即皇帝位，然后被金兵一路追杀。他一路南逃，一直逃到杭州，又遇“苗刘兵变”，被迫退位。他唯一的儿子，刚刚三岁就即皇帝位，结果被活活吓死。他复辟后，又被金兵一通追杀，从杭州逃到越州，接着逃到明州，又逃到定海，随后漂泊海上，逃到温州。这一路逃得胆战心惊、失魂落魄，直到金兵北撤后，方才落脚于杭州。过重的惊吓让他得了隐疾，失去再得子嗣的能力。

赵构偏安杭州一隅，成为南宋的第一位皇帝。为了保住皇位，他苟且偷生，对女真金国奴颜婢膝，一味求和，联合宰相秦桧等人，打压主战派岳飞、韩世忠等，甚至不惜冤杀岳飞父子，用千古奇冤换来耻辱的绍兴和议。

赵构这个低三下四的皇帝一直做了三十五年，实在是趣味不大，就不想干了。让谁干呢？他没有子嗣，宋太宗赵光义这一支也找不到继位者，大臣们建议在宋太祖赵匡胤这一支中寻找。起初赵构一口拒绝，后来据说做了一个梦，梦到宋太祖赵匡胤亲自来找他，带他回到当年开封汴梁的宫殿，让他亲眼看到赵光义弑兄篡位的场景，郑重地告诉他：“我死得很冤，赵光义忤逆，弑兄篡位，终究逃不脱天道的惩罚。如果你将皇位传给我的后人，宋朝还能生存，国势将有转机。”

次日一早，赵构便立赵匡胤的后人、自己的养子赵伯琮为皇太子，并改名为昚，然后禅位于赵昚。

在后人看来，这是赵光义后人默认自己得到皇位并不正大光明，在最后只好把皇位还给赵匡胤后人。

宋孝宗赵昚是赵匡胤七世孙，是赵匡胤第四子赵德芳的后裔。他即位后很有作为，平反岳飞冤案，起用主战派人士，锐意收复中原；内政上，加强集权，积极整顿吏治，裁汰冗官，惩治贪污，重视农业生产，使南宋的经济迅速发展，老百姓生活安康，史称“乾淳之治”。

从此，南宋政权一直掌握在赵匡胤后代子孙手中，在北宋辉煌的基础上，在南宋有限的疆域里，延续着更为耀眼的光芒，南宋一度成为当时世界上最为富足，经济、文化和科技水平最为发达的国家。直至公元1279年，南宋灭亡于蒙古铁骑脚下，历九帝，享国一百五十二年。

政治开明是繁华的基础，也是百姓安居乐业的福祉所在。

两宋王朝崛起于中国历史上最为分裂、动乱的五代十国，开创者赵匡胤曾有诗云：“未离海底千山墨，才到中天万国明。”大宋王朝的创立，成为中国历史进程中一个鲜明的拐点，开创了中国历史上灿烂辉煌的篇章。

两宋时期，经济、文化方方面面都达到空前繁荣。宋瓷之美，瓷之极致，无出其右；宋词之美，震古烁今，举世无双。《清明上河图》记录了北宋都城汴京的繁荣昌盛，海上丝绸之路打通了对外贸易与文化交流的通道。儒学得到复兴，佛教得到发展，道教也很受尊崇。科学技术的发展堪称突飞猛进，黑火药的应用、活字印刷术的发明、农作物种植技术的突破，无不领先于当时的世界。

那个时代大师迭出，不论是欧阳修、司马光、苏轼，还是程颢、朱熹，抑或毕昇、沈括，都是闪耀在时代天空的巨星。巨星辉煌，群星闪耀，形成蔚为壮观的历史图景。

煌煌两宋，就是赵匡胤这样的帝王，用他的文治体系创立的伟大时代。